World University Rankings & Universities in Japan

世界大学ランキングと日本の大学

ワールドクラス・ユニバーシティへの道

綿貫 健治
Kenji Watanuki

学文社

はじめに

　戦後70周年を迎え，日本はすべての面で新しい局面に入った。グローバル経済が定着しビジネスの中心は国内市場から海外市場に移った。経済モードも大量生産経済から少量・質的経済へと転換し，産業主体も製造業から知的産業やサービス産業へシフトした。グローバリゼーションの影響は政治，経済，産業，社会，教育，文化などすべての分野に及ぶ。幸い，2012年末に誕生した安倍政権のもと政治は安定し景気は回復に向かっている。一時は異文化といわれた日本文化も，世界の若者から老人まで受け入れられる文化になった。特に最近ではマンガ，アニメ，ゲームや日本料理，食材，調味料，日本酒，日本工芸などが新たな「クールジャパン文化」として海外に普及しはじめた。日本は長年築き上げた政治，経済的プレゼンスに文化的プレゼンスが加わり，先進的なハードパワーとソフトパワーの「バランスのとれた先進国」となったのである。

　しかし，遅れている分野も少なくない。そのなかで目立つのは将来のリーダーを育成する大学のグローバル化である。観光客が年間2000万人に達しようとしている状況に比べて，日本を希望する留学生数が思うように伸びず年間13－14万人台で低迷している。これは日本の大学が世界的にみて魅力を欠いているからともいえる。留学生だけでなく日本人で外国に留学する留学生も約6万人台と少なくなり国際協力開発機構OECDから「内向き現象」の是正を勧告され，米国からもハーバードなど一流大学への入学生が減少したことを危惧されている。

　そのなかでも特に問題になるのは，大学の国際競争力である。高等教育や研究の質と国際性のレベルを問う世界大学ランキングにおける日本の大学の不振ぶりは一番の懸念材料である。明治維新以来アジアで唯一西欧的民主主義と自由主義を実現し，世界のトップクラスの教育水準を保ってきたと思われた日本の大学が，昨今評価されなくなった。日本の知性と教養の象徴といわれる東京

i

大学の国際ランキングもこの10年間で落ち，ランキングが始まった10年前の2004年には世界で12位あったが，2015年10月初旬に発表されたタイムズランキングではシンガポール，中国に抜かれ世界で43位に落ちてしまった。QSランキングではシンガポール，中国，香港，韓国のアジア勢に負け39位に落ちている。毎年ダボス会議を行っている世界経済フォーラム（WEF）の国際競争力ランキングでも日本全体の総合競争力は10位，高等教育評価では21位であり日本の国際的競争力の劣化は明らかである。

　2015年6月に発表されたタイムズ「アジア大学ランキングトップ100」2014年ベースでも，日本はランクイン数で中国に初めて抜かれてしまった。中国には，2010年に経済ではGDPで抜かれ，2015年に高等教育でも抜かれたのである。研究論文数でも最近中国は日本を陵駕しはじめた。「文科省科学技術研究所報告書（2012）」によると，中国は2006年から米国に次ぐ2位で，科学技術の国際研究でも米国との共同研究を増加し1位を占める分野も多くなり2010年ごろから存在感が非常に大きくなっていることが報告されている。中国をはじめアジアのシンガポール，香港，韓国などはさらなる国家戦略の強化ですでに世界をターゲットにし，近隣国のオーストラリア，ロシアでは日本と同じように世界のトップ100に10校ランクインさせようと国家が強力に支援している。

　しかし，本来日本の教育レベルは高いはずである。明治維新以来，日本における教育の大改革は2度あった。明治政府が新しい知識を世界に求めた「五箇条の御誓文」と第二次世界大戦直後に6・3・3制や教育委員会制度を入れた米国型教育制度の導入である。その後の研究重視政策の結果としてノーベル賞獲得者も文学，平和賞入れると総数24人になり，世界的な教育国となったのである。そして日本の高等教育界では日本の大学が世界に勝つための第3の大改革が始まった。安倍政権によって2013年に「日本再興戦略－JAPAN is BACK」が成長戦略とともに閣議決定され，そのなかで政府は「今後10年間で世界大学ランキングトップ100に10校以上を入れる」と宣言をした。この10年間，文部科学省（以下，文科省）は国立大学中心に大学自己点検・評価の導入，国立大学法人化，基本教育法の改正など規制緩和，ガバナンスとマネジメント強化を

してきた。また，スーパーグローバル，大学機能3分類化などの国際競争やプロジェクト，国立大学人文社会科学系と教員養成系学部の再編成，入試改革，高校基礎学力テスト，定員超過私立大学の補助金削減厳格化などを次々に打ち出している。世界ランキングと国立大学法人化開始から約10年たって，ようやく日本は世界標準を念頭とした大学グローバル化が始まったといえる。

　残念ながら，これらの改革の成果はまだ出ていない。その理由の1つに，過去20年の日本経済の停滞と国際的環境の急変があり競争環境がガラリと変わったことがある。先進国間の競争はさらに加速し新興国，発展途上国が日本を急追し日本は上下に挟まれた「サンドイッチ状態」の競争に苦しんでいる。グローバル時代には市場は世界化し，未来のグローバル人材と国際リーダーの養成は欧米の占有物でなく，中国，韓国を含む東アジア，アセアン諸国，中近東・アフリカ，ロシア，中欧・東欧，ラテンアメリカなど全地球的課題になった。したがって，すべての国が大学ランキングを含めワールドクラス・ユニバーシティ（WCU）をめざしはじめ，ランキング関係の国際教育者会議はランキング入りを狙う関係者で一杯となっている。リーダーシップのある学長がいて，しっかりしたビジョンと世界ランキング戦略をもち，その戦略を着実に実行する大学だけがランキングに入れる時代が到来した。

　毎年秋から翌年の春にかけて世界大学ランキングが発表され，世界の大学はその結果に一喜一憂する。今年（2015年）も9月から上海ランキングを皮切りにQSランキング，タイムズランキング，U.S.ニューズランキング発表され，来年（2016年）の春にかけてアジアランキング（2015年ベース）を含むいろいろなランキングが補足発表，アップデートされる。

　本書は，長い間世界大学ランキングの現場の近くで活動してきた筆者が世界大学ランキングの意義を説き，各ランキング評価機関の最新版のデータを比較分析したものである。なるべく多くの日本の大学が世界ランキング100位に入り，ワールドクラス・ユニバーシティ（WCU）に仲間入りすることを心から願ってやまない。関係者全員のガイドブックとして役に立てば幸いである。

筆　者

はじめに　i

第1部　日本の大学の現状と危機　*1*

★★第1章　大学をとりまく急速な環境変化　——　*3*
1．18歳人口の減少　*3*
2．大学全入時代　*5*
3．留学生数の停滞と世界とのギャップ　*7*
4．教育財政の逼迫　*10*
5．世界的に通用する大学（WCU）の欠如　*11*

★★第2章　世界大学ランキングの重要性　——　*15*
1．世界大学ランキングとの出会い　*21*
2．世界大学ランキングの意義　*24*
3．世界大学ランキングになじめない日本　*28*
4．世界大学ランキングは目的ではなく手段　*32*
5．世界大学ランキング入りは学生のため　*34*
6．世界大学ランキングによる質の向上　*36*
7．世界大学ランキングによるグローバル人材育成　*41*

第2部　世界大学ランキング評価機関とその活動　*45*

★★第1章　世界大学ランキング機関の特徴　——　*45*
1．THE 世界大学ランキング（タイムズランキング）　*46*
2．QS 世界大学ランキング（QSランキング）　*50*
3．ARWU 世界大学学術ランキング（上海ランキング）　*52*
4．ベスト・グローバル・ユニバーシティ・ランキング（U.S.ニューズ・ランキング）　*57*
5．U－マルチランク（EUランキング）　*60*
6．そのほかの世界大学ランキング　*62*
　（1）ゴーマン・レポート「世界大学ランキング」（米国）　*63*
　（2）ウェボメトリクス・大学ランキング（スペイン）　*65*
　（3）NTU 大学ランキング（台湾）　*66*
　（4）ライデン・大学ランキング（オランダ）　*67*
　（5）CHE 大学ランキング（ドイツ）　*68*

第2章　主要世界大学ランキング機関の活動と比較 ―― 71

1. 主要世界大学ランキングの分類と特徴　74
2. 主要世界大学ランキングの指標比較　77
3. 世界ランキング評価の今後の方向　79

第3部　世界大学ランキングにおける日本　83

第1章　世界上位校の壁に苦しむ日本の大学 ―― 84

1. 上位校は3分の2以上が欧米で占められている　85
2. 上位校は固定しはじめている　87
3. 新興勢力の厳しい追い上げ　90

第2章　ワールドクラス・ユニバーシティ（WCU）になるためには ―― 94

1. ランキングに入る覚悟を決める　96
2. 世界標準のグローバリゼーションをねらう　100
3. 明確な数値目標と学長の強いリーダシップ　102
4. エキスパートの登用と専属部隊　105
5. 大学のブランドを強化する　108
6. ステークホルダーとの協力関係を強化　110
7. 戦略的な指標分析を行う　112

おわりに　117

第1部
日本の大学の現状と危機

　世界的標準で各国の大学をみると，残念ながら日本の大学は「危機的状態」にあるといわざるをえない。戦後，日本はいち早く政治を民主化し，経済は奇跡的な成長を遂げ，アジアだけでなく世界の先進国のリーダーの仲間入りをしたが，高等教育ではいまだに世界のリーダー国になっていない。1968年の学生紛争後の1970年代が世界の高等教育の分岐点で，欧米が経済不況で大学を含む改革を進展させたのに反し，日本はオイルショックを克服し安定成長に入ったため脱産業社会の動きが欧米から20年遅れた。そのため，知識社会をベースにするサービス産業化に遅れ「知の鎖国」や「ガラパゴス現象」に苦しみ，日本がグローバル時代の大学改革をようやく始めたのは大学の自己点検・評価が義務化された1991年の大学基準設置大綱化からであった[1]。

　経済成長の時代には，大学は自らの責任で大学改革を行う余裕があったが，自己改革と規制緩和期間が長すぎたため，大学は偏差値による入試選抜など従来型のシステムを打ち破れず「レジャーランド化」し，出口管理を含む真の改革が遅れた。1990年初期のバブル崩壊後の長期景気停滞で国家財政が逼迫し，政府も以前のように大学補助をできなくなった。したがって現在の大学は，財政逼迫のなかで政府の補助金や授業料からくる自己資源を有効利用し，社会の新しい変化と要請に対応して改革を進め，国際的通用性や実用性を増して日本経済の発展に寄与するという難しい局面を迎えている。日本の知識革命の20年間の遅れは厳しく，世界大学ランキングの上位100校のなかに東京大学（以下，東大）と京都大学（以下，京大）しか入れず，さらにトップ校である東大がこの10年間に12位から43位に落ちていることが象徴的である。

　また，日本は新興国を含むメガコンペティション（大競争）にも勝たなければならない。現在世界には約1万8000の大学があるといわれていて，大学間の

[1] 独立行政法人大学評価・学位授与機構編著『大学評価文化の定着』2014年

グローバル競争はより激しくなっている。先進国は争って自国の大学の世界的地位を上げ，多額の奨学金を用意して世界から優秀な留学生を獲得し，新興国は欧米の有名大学を誘致あるいは提携することによって優秀な教授と学生を確保している。以前は英国のオックスブリッジ，米国ハーバードなどのアイビーリーグ，仏独など欧米の伝統的な有名校に留学生が集中したが，英語が世界言語になった近年では，英語プログラムの充実したカナダ，オーストラリア，ニュージーランドに学生が集まっている。近場では旧英連邦のシンガポール，香港，フィリピン，マレーシアなどが低コストで充実した英語による授業や語学プログラムを提供している。世界の大学の分布[2]は米国が一番多く約2600校，日本でも780校，韓国400校，ドイツ370校，英国170校，フランス100校あるが新興国の大学も増えている。もはや大学は自国の伝統，歴史，評判だけで世界の一流大学とは呼べない時代に入った。

　近年，世界大学ランキングが定着してきたことで，大学間の格差も進んでいる。最近では，世界ランキング上位に入る優秀大学とそのほかの大学を分けて呼ぶ傾向が出てきた。世界大学ランキング上位で教育・研究に実績があり世界の優秀な学生が集まる有名大学を「**ワールドクラス・ユニバーシティ（WCU）**」と呼ぶようになった。高等教育の高度化をめざし国を挙げて推進している中国は，2004年に世界で最初のランキングを始めたばかりでなく，以来2年に一度世界の一流高等教育者を集めて「ワールドクラス・ユニバーシティ・コンファレンス（WCC）」を開催してランキングを含む大学の質の向上を議論している。同様に，タイムズもアカデミック・サミット，QSも国際学長会議など開催している。WCUの大学は，簡単にいえば「教育や研究に優れ世界的に名の知れた大学」と定義されようが，筆者は大学の新しい価値である社会的意義と競争力を含めて「**研究，教育，国際性，イノベーション，社会貢献活動に世界的な実績があり，母国だけでなく世界の科学技術と高等教育の発展に貢献するグローバル人材を養成する世界ランキング100位以内の著名大学**」と定義したい。

▍2）『日本経済新聞』（2011年2月21日付）

世界のさまざまな大学が自国と地域の発展のためにそれぞれの国の大学の世界的優秀性，通用性と国際性を争う時代に入ったわけで，この戦いに負けると自国の成長はないと考えるべきである。グローバル化しただけでなく「世界のWCUに勝つ大学」が求められているのである。

第1章　大学をとりまく急速な環境変化

　日本の大学の世界ランクが低い最大の原因は，大学改革の遅れと大学を取り囲む急速な環境変化にある。日本経済はようやく長い「冬の時代」を抜けつつあるが，高度経済成長のレガシーを残す大学は依然冬の時代にある。直近の問題としては偏差値に代表される入り口での学力偏重，グローバル化時代に合わない縦型組織と国際性と実践性に欠ける教育カリキュラム，特権を維持する保守的教授会の存在，アルバイトと就職準備に追われ勉強時間の少ない学生，出口でのゆるい卒業資格などが理由にあげられる。しかし，長期的にはジオポリティクス（地政学）上の危機的環境変化の影響が大きい。

　長期的なジオポリティクス的問題としては，人口の全体的な減少，18歳人口の減少，グローバル化の遅れ，大学数の多さ，外人教授と留学生の少なさ，外国有名大学への留学生の少なさ，英語力と英語プログラムの弱さなどがあげられる。これらの問題を解決すべく政府は過去10年の間，制度改革や競争資金の提供で大学研究・教育の質と世界的通用性向上のためにいろいろな施策を打ち出したがまだ結果が伴っていない。特に，国立大学では内部からの改革に限界があり，私立大学は資金不足で思い切ったことができない。

1．18歳人口の減少

　大学をとりまく危機的環境のなかで最大の問題は，18歳人口の減少である。政府統計など[3]によると，18歳人口の減少は2008年の日本の人口の減少とともに始まり，ピークの1992年に205万人であった人口が2014年には118万人に減少

---

[3] 国立社会保障・人口問題研究所『人口統計資料（2014）』世界保健機構（WHO）調査，2013年ほか

し，2025年には半数の109万人になると予測されている。人口減少の最大の原因は出生率の低さである。晩婚化，晩産化で出生率が減少し，2011年の出生率は女性一人当たり1.1と調査対象の194カ国中179位で最下位に近く，ドイツ，ハンガリー，イタリア，韓国と同じぐらいとなった。また，日本の総人口は，このままでいくと現在の1億2000万人から2050年ごろに1億人を割り，2100年には半分の5000万人になると危惧されている。

人口減少は経済成長に直結する重要要素で，労働投入量が減れば経済を衰退させる。日本のGDPはすでに長い間停滞しているが，この傾向が続くと2050年は514兆円と2010年レベルになり，さらに2100年には372兆円と2010年の3分の2に落ちると推定されている。人口が減って一人当たりの収入は増えても，国としての豊かさを失うだけでなく，人口の都市集中化で地方自治体の人口減少と衰退が進み，社会保障の予算も削られ年金・医療制度が危機にさらされ，人手不足で産業が衰退し雇用が減少するなどいろいろな問題が出てくる。人口減少問題は40年前の1974年から予測されていたが，改革の遅れと有効な政策が出せず今日に至っているのが実情である。

人口減少に歯止めをかけるには，女性の地位の向上，子育て環境の改革と改善，貢献技術をもつ外国人の移民や優秀留学生の取り込みなどの制限的移民の増加が叫ばれているが現実は厳しい。現在，女性の6割は結婚や出産を機に退職し労働市場就業率は約5割と低く，また政界での女性議員比率は8％，産業界で活躍する女性役員率は1％台と先進国では最低グループである。日本女性の社会進出の遅れは社会システムに問題があり，世界経済フォーラム（WEF）で発行している「男女平等比率指数」によると135カ国中104位と最低に近い。85％の日本女性は仕事を続けたいと思うが，妊娠すると仕事と家庭の両立や職場復帰がむずかしい社会環境にある。2015年8月に成立した女性が職場で能力を発揮し，活躍できる職場環境を義務づける「女性活躍促進法」はその第一歩である。

2015年10月に発足した第3次安倍内閣は，経済政策として「新しい3本の矢」を発表した。従来の3本の矢である金融，財政，成長戦略から新しい3本

の矢,「強い経済（GDP600兆円），子育て支援（出生率1.8），社会保障（介護離職率ゼロ）」に移行し，誰もが活躍できる「１億総活躍社会」の実現を目標に掲げた。安倍政権の掲げた経済政策アベノミクスが経済成長と財政健全化を中心に第２段階に入ったことを示している。大学にとって豊かな財政，18歳人口の増加，安心した社会の実現は大学への教育投資を増加させ，日本のWCU大学を増加させるための大学改革につながる。おおいに期待したい。

２．大学全入時代

18歳人口の減少とともに，大学入試志願者も減少しはじめている。大学の数が多い日本では，理論上，選択しなければ全員入学が可能になった。バブル期の1991年から始まった大学教育大衆化と地方分権推進政策のために大学設置基準大綱を大幅修正したことと，1997年からの大学グローバル化の加速，2003年に国際競争力推進のために小泉政権が進めた第三者評価による事後チェック型届出制で学部・学科増設が可能になったことが主な原因である。この市場緩和政策で短期大学や夜間部の改組や株式会社などの新設大学が可能になり大学が増加した。大学数が523校から783校（なやみ＝悩みと揶揄される）と1.5倍に増加したため，より入りやすくなり「大学全入時代」といわれた。同じころに行われたタクシー業界の法改正で新規参入が簡単になり，タクシー業界は売り上げが最大期の６割に落ちたため2009年に減車法案で規制がかかった例があるが，教育業界は簡単には戻れない。

また，1990年に世界の留学生も200万人台に到達し大学のグローバル化が加速された。日本の大学に「国際」の２文字が入りはじめ2000年には国際，グローバルやコミュニケーションなどの「カタカナ」の入った学部が全体の２割に達した[4]。最近では，大学生だけでなく国際的に雄飛したい高校生も増えて海外の有名大学に日本の高等学校から直接留学する学生も増加した。ITやネットワーク技術の発展で大学教育レベルの大規模公開オンライン講座「ムークス（MOOCs）[5]が開講され，自宅で海外の有名大学講座を無料で受けられる

4）「大学，少子化の波―増える受験生好みの学部」『朝日新聞』（2015年８月30日付）

ようになった。MOOCs の出現は，今後の大学の存在と大学教育の世界化に大きな影響力をもつと予想されている。現在，ハーバード，MIT，スタンフォードなどの有名大学が無料で提供していて提供機関としてはコーセラ（Coursera），エディックス（edX），ユダシティ（Yudacity）などがある。世界で数百万の学生が授業を受けていて，日本でも東大が2013年から日本の大学としてはじめて講座を英語で配信しはじめた。『日本教育新聞』（2015年10月28日付）によると日本では参加大学40校，受講者40万人に対して，欧米では急増して学科やコースも増えておりコーセラ（米）だけをとっても2015年時点で世界133の大学が1467を超える大学レベルの講座を公開しており，受講者はすでに1579万人で将来大学にとって脅威となる。

　日本の大学を受験せず高等学校から直接外国の大学に入学する国際派の高校生が増加していることも日本の大学にとっての脅威である。『サンデー毎日』の調査[6]によると2014年に日本の高等学校（100校）から海外の大学に直接進学した高校生は250人を超えていて，今後増える傾向にある。この調査の対象になった100校は，文科省で選ばれた SGH（スーパーグローバル・ハイスクール）や世界の大学への入学資格をもつプログラムをもつ国際バカロレア IB（インターナショナルバカロレア）校である。文科省はディプロマ認定（DP）認定校[7]を2018年まで200に増加させる予定である。

　　5）MOOCs（Massive Open Online Course）。2012年ごろから立ち上がり，日本では2013年に一般社団法人日本オープンオンライン教育協議会（JMOOC）が大学，企業連合組織で設立された。2015年時点で全世界の会員数はコーセラが1579万人以上，エディックスが500万人以上といわれている。コーセラはスタンフォード大学が，エディックスはハーバード，MIT が開発した。
　　6）「全国100進学校の海外名門大学合格実績調査」『サンデー毎日』（2014年5月11－18日号）
　　7）IB は財団法人国際バカロレア機構（IBO：スイス本部）が主催する国際プログラムで1968年に設立された。当初は外交官が多かったため，子ども向けのプログラムだった。2014年末時点で148カ国，3882の学校で採用されている。ディプロマ・プログラム（DP）はその１つで，DP を終了することで IB 資格がとれ，欧米のトップ大学を含む世界2000以上の大学が入学資格として認めている。2013年閣議決定で英，独，仏，西語のほかに「日本語 DP」が加えられ，日本の国際校100校採択された。暗記よりも仮題発見，探求，解決型のグローバル人材育成をめざす。

DPプログラムは，欧米のトップ大学を含む世界の2000以上の大学が受験資格として認定しているので脅威となる。また，大学と高等学校からの海外留学増加のために2014年から文科省が主導する「トビタテ留学JAPAN」プログラムは，官民協働の留学支援として渡航費を含む留学金の返還義務がなく，産業界を中心に世界で活躍できる人材育成のためのプログラムである。2020年までに約1万人を海外に派遣することを目標としている[8]。国際化の進行で日本の大学に行かず海外の大学に雄飛する優秀な学生が増える傾向にある。高等学校から直接海外の大学に行く高校生の理由は，①日本の大学のランキングの低さ，②国際企業などへの就職の難しさ，③活躍する帰国子女の増加，④国際ネットワークの構築可能性，⑤英語の目的から手段化（道具化）などでどれも現在の日本の大学が欠けている理由である。

3．留学生数の停滞と世界とのギャップ

　世界と日本の学生とで国際流動性のギャップが増加している。国際流動性とは，世界の有名大学やWCU大学入学を求めて増加している留学生の動向である。新興国では，経済好況と各種ランキングの発展で豊富な情報も入るようになり受験校を選択することが容易になったため，猛烈な勢いで留学希望者が増加している。ユネスコ(UNESCO)などの統計[9]によると，今から40年前の1975年における世界の留学生の数はたった80万人であったが，徐々に増加し1990年には1.6倍の130万人となり，2000年には2.6倍の210万人となった。2000年ごろから新興国のグローバリゼーションが加速し2013年に全世界の高等教育機関に在籍する外国人学生数は430万人と30年前の5.4倍，2000年の2倍超になった。この間，特に英語圏の米国，英国，オーストラリアなどのアングロサクソン国や中国を中心とするアジア新興国への海外留学生が急速に増加した。ユネスコ(UNESCO, 2010)の調査によると2020年には700万人（OECD調査は800万人）に達するだろうと予測している。

8）「公立vs私立vsグローバル化（留学をあきらめない）」『AERA』（2015年7月27日号）
9）米国IIE「Open Doors」UNESCO，文科省などの調査を参考

しかし，世界に比べると日本に来る留学生（IN）は少なく，日本から外国に留学する学生（OUT）の数も伸びていない。OECDの調査[10]によると，日本は留学生にとって「依然として魅力的な国」で，世界で8番目に留学生が多い国である。しかし，内容を精査すると米英豪など留学先進国と比較して，日本への留学生の増加数[11]の伸びは緩慢である。グローバル経済が始まったバブルのまっただ中の1990年には日本への留学生数はまだ4万1347人で，日本経済の長期低迷と円高でアジア進出が盛んになった2000年に6万4011人と大幅に増加したが，対世界留学生比率でみると世界の3.2％から3.6％とあまり増えなかった。2000年にITバブル崩壊があったものの，2000年以降ITの発達でグローバリゼーションが加速した2003年に念願の10万人台（10万9508人）に乗り，2010年には14万1774人とピークに達した。

　しかし，1990年代の経済の「失われた10年」の後遺症と2008年からの米国発金融危機の影響で，2010年を境に伸びが止まり，2013年には13万5519人と世界の3.1％のシェアに落ちた。米国の16.5％，英国の13％，ドイツ6.5％，フランス6.2％に比べて先進国としては少なく，ロシアの4％にも劣っている。また，日本への欧米からの留学生が5.5％と少なく，アジアの留学生が全体の93％（うち中国55％）を占めていることも特徴だ。2014年も13万9185人と4年連続で2010年のピークを超えていない。世界的有名校が少なく，インターンシップが簡単に受けられなく，専門および実践的な英語プログラムや世界的な有名教授が少ないなどアカデミック，実践的な魅力に欠けるために留学生が少ないことは残念で大学はもっと努力しなければいけない。

　同時に，日本から海外へ雄飛する日本留学生がより少なくなっていることが大きな問題になっている。日本人の海外留学者数は，1985年のプラザ合意による円高時には1万5485人程度であったが，徐々に増加しバブル崩壊時の1993年には初めて5万1295人と5万人台を突破した。1990年代のバブル崩壊後，経済低迷期にも順調に増加し景気の一時回復期2004年には8万2945人と初の8万人

10）OECD『図表で見る教育2014』
11）日本学生支援機構（JASSO）『留学生調査』

台となった。しかし，その年がピークでその後徐々に減少し2011年のOECD調査では5万7501人とピーク時の7割に落ち，最新のデータで2012年には6万138人となっている。留学者の多かった留学先国は中国の2万1126人（35.1％），米国1万9568人（32.53％），英国3633人（6.0％）で，中米英で7割強を占めた。

　OECDによると日本人の海外留学者数は全体の1％でOECD国平均の2％より低く，国としてはメキシコのレベル，加盟国中ワースト2位（33カ国中32位）であった。日本国内だけでなくOECDにも日本人学生の「内向き志向」が原因と指摘された。特に米国への留学生については中国から米国への留学生が全体の30％を占める一方，日本の留学生はピーク時の半分，米国への留学生全体の2.4％と急減し，世界第1位のハーバード大学学部入学生が半分になったことは内向き現象だけでなく，対米協調の後退として大きな話題を呼んだ。

　日本から米国の大学への留学者数減少の主な原因は，日本経済状況と家計の悪化，米国大学の授業料高騰，企業就職の悪化，テロなど世界的な安全性の悪化などがあげられる。しかし，日本の大学のグローバル化が進み米国の大学に行かなくても日本でも国際大学系に行けば同様の効果が得られるようになったからだという意見もある。しかし，本格的なグローバル・リーダー養成望む日本にとってその理由は当たらない。ハーバードなどの一流大学に行く最大の目的は，世界最高の教育・研究を最高の環境で受けられるだけでなく学友，OB，ブランドなど一生使える上質の国際ネットワークを得られるからだ。これらのネットワークは日本を理解する友人たちで，40－50歳台のリーダーポジションについたときに生きてくる。

　日本人がノーベル賞を多くもらえた理由も，早くから米国に留学し理想的な研究環境で有名教授に指導を受け有望な同僚などと共同研究をした学者が多いことによる。特に研究規模が大きく複雑になり研究資金と規模が要求され論文でも共同研究が優先される時代には，ますます研究資金の潤沢な米国をはじめ世界の一流大学への留学が必要となる。このような観点から日本政府は2013～2020年までに日本人留学生を6万人から12万人に倍増することを閣議決定

(「日本再興戦略―Japan is back」)し，2014年に官民一体留学生支援プログラム「トビタテ留学JAPAN」で一期生323人が59カ国へ飛び立った。趣旨に賛同したトヨタ，日立など89社が5億円を出資し，留学生は1年間の授業料，研究費を含む生活費約150－270万円を給付される。政府や企業・団体援助の多い欧米とのギャップはすぐには縮まらないが，日本のグローバル人材育成の一環として歓迎したい。

4．教育財政の逼迫

　大学の発展も国家財政の健全性に依存する。日本の高等教育水準は高いが，教育への公的投資は少ないのが特徴である。OECD[12]によると，日本は2000～2012年の間に高等教育終了成人比率を34％から47％に増加させOECD加盟国で2番目に成人の高等教育水準の高い国となったが，教育費の公的負担は全体の3割ぐらいで，私費家計負担に頼っている。学生一人当たりの公財政支出をみても，OECD平均（2010）が8676ドルに対して6249ドルとギャップがある。高等教育予算は2000～2010年の間にOECD加盟国平均で40％伸びたが，日本は5％と少ない。日本の教育機関全体への公的支出は対GDP比3.6％（2010）でOECD平均の5.4％よりはるかに低く加盟国30カ国のなかで最低で，1位のデンマーク（7.6％）の2分の1であった。大学などの高等教育機関に対する公共支出は0.5％とこれも30カ国最低で，1位のフィンランドの4分の1であった。2011年の一般政府総支出に占める公財政教育支出は9.1％（2011）と，OECD平均の12.9％より低くOECD全体で2番目に小さい。

　日本の財政状況はよくない。オイルショック，ドルショック後の1975年に最初の赤字国債を発行し財政赤字は増えたがその後の景気の高揚で1980年代まで順調であった。しかし，1990年初頭のバブル崩壊後の景気対策で緊急財政支出や赤字国債が増え，1995年には政府の総財政赤字が500兆近くなり初の「財政危機宣言」が出された。財務省統計によると社会保障費，国と地方の政府債務，国際，短期証権などを含めた総債務残高（世界共通基準）は1996年に500兆円を超え，2010年に1000兆円を超え2014年には1200兆円[13]を超えGDP比で

---

12) OECD『図表でみる教育』2013年版・2014年版

231.9％，フランス，英国，米国の2倍になった。

　政府の財政状況は逼迫し，危機的状況になっている。安倍政権は日本再建のために2014年末に2015年10月の消費税10％引き上げ，2020年までに政府予算の基礎的財政収支（プライマリー・バランス）の黒字化をめざす「財政健全化目標」を打ち上げた（その後消費増税は延期された）。したがって政府歳出削減の継続，景気の回復による税収増加以外に高等教育予算が大きく増加する余裕がなく，運営交付金の効率化，成果による傾斜分配，競争資金化が加速されている。第1次，第2次政権で成果をあげた安倍政権は，2015年10月に第3次改造内閣を発足させ新たな政策（新3本の矢）としてGDP（名目国内総生産）600兆円の「強い経済」計画を打ち上げた。担当大臣をおいて全員参加型の「一億総活躍社会」の実現をめざす。そのほか，人口増加を目的とした女性の活躍を期待し出生率を1.8まで高める「子育て支援」，高齢化社会に対応し介護離職率をゼロにする「安心につながる社会保障」などを戦略に盛り込んだ。当然，GDPが増加すれば高等教育に回る予算も増えるが確かではない。この危機を大学改革の機会（チャンス）ととらえ，大学の効率化，グローバル化，質の向上と世界通用化を進めるべきである。

5．世界的に通用する大学（WCU）の欠如

　日本には，世界に通用する大学（WCU）が少ない。筆者の外国人同僚でも「日本のWCU大学候補の大学を10校あげてくれ」といってあげられた人はいなかった。世界大学ランキングをみてもその傾向を示している。最も使われているタイムズランキングでは，世界トップ20位以内に日本の大学がなく，100位以内でも2校しかない。トップ200位まで拡大しても東大と京大の2校のみでノルウェー，アイルランド，シンガポール，中国と同数である。4校を出している韓国，3校の香港に負けている。米国の63校，英国の34校，ドイツの20校に大きく遅れた。したがって，高水準にあるといわれている日本の大学はまだ「冬の時代」にあるといっても過言ではない。「ノーベル賞が多いではないか」という反論もあろうが，ノーベル賞は個人の過去の実績に対する勲章で現

▌13）国および地方だけの2014年度末長期債務残高は1009兆円（対GDP比205％）。

在の大学の実力をあらわしていない。政府と大学の協働作業と改革によって，このような状態から一国も早く脱皮しなければならない。

　世界大学ランキングでトップ20位に入る上位校を増やすと同時に，総合力で世界大学ランキング100位以内に入るWCUをできるだけ多く創出することが重要である。ノーベル賞，フィールズ賞，ブリッカー賞など分野の有名賞を取るだけでなくネーチャー，サイエンスなどの一流科学誌に論文を掲載し国際的に被引用率を増やし，個人と日本の大学の優秀性を世界に認知させることが重要である。国際性を上げるために優秀な国内の研究者を海外で育成すると同時に，大学の国際性を上げるため優秀な外国人を教授陣に迎え，日本だけでなく世界の政府，企業から寄付金を獲得し，教授個人と大学を有名にすることによって全世界から優秀な留学生を集めるべきである。WCU大学のトップ大学，英国のオックスブリッジ，米国のアイビー・リーグ，MIT，スタンフォードのように高い学術・教育レベルをもち，社会的に認められる大学を10校以上もつことは必須である。日本は，中等教育到達度（PISA）ではトップ10グループで，ノーベル受賞者の数は創設以来2015年現在で合計24人（平和および文学賞含む）を輩出し世界5位であることからしても不可能ではない。

　日本の教育レベルは，昔からの評判が高い。江戸時代にも国民の識字率は80％とロンドンの20％，パリの10％を抜いて世界一のレベルであり，このことは2015年のノーベル賞で医学生理学賞と物理学賞2人の受賞者を出したとき，日本の受賞が多い理由の1つとして英国のメディアが紹介していた。1853年に浦賀に来て幕府へ開国を求めたペリー提督も，読み書きの普及率と知識吸収意欲の高さに驚いた。高等教育もシステムとして充実していて，すでに，上級武士には江戸に文武と教養のある指導者育成のための昌平坂学問所，地方には各藩の指導者を育成する藩直轄学校である藩校があった。また，全国には漢学，国学，洋学などの知識にすぐれた権威が開講した私塾があり中級，下級武士も藩の許可さえあれば自由に受けることができた。また，一般庶民には読み書きそろばんなど日常的な教養を習得するために寺子屋があり，エリートから一般庶民までの教育システムのインフラが存在したことが明治維新以降の近代教育の素地

をつくった。

　明治維新以後に，近代教育のインフラが再構築された。昌平坂学問所系からは東大を筆頭とする帝国大学がつくられ，地方の藩校からは地方大学，私塾からは私立大学が生まれた。明治維新から4年後の1871（明治4）年には教育政策を担当する文部省が神田湯島聖堂に創設され，翌年の1872（明治5）年にはフランスから全国を学区に分ける教育行政制度が導入され，大都市東京を中心に全国に大学，中学校，小学校が創設された。教育制度に比べると政治制度の近代化は遅かった。太政官制度を廃止して内閣制度が設立され伊藤博文が初代首相に選ばれたのが1885（明治18）年であり，その後，「学問の自由」をかかげるプロイセンの近代的な「フンボルト大学」モデルを導入した。日本が近代化においていかに教育を中心とする人材育成を優先していたかがわかる。このことからも，すでに日本にはWCUを生み出すDNAが存在しているので自信をもって改革を断行すべきである。

　現在の日本は，世界の高等教育競争のまっただ中にある。明治維新後の教育近代化，敗戦後の教育民主化，その後の大衆化，グローバル化で第3次の教育改革が行われているが改革のスピードが遅い。政府と大学が一丸になってこの機会に挑戦しなければならないときに，当の大学は政府，企業など「外からの圧力」を嫌い伝統的な「内からの改革」を望み，大学の自治を尊ぶあまり改革の遅れを招いている。大学の自治は大事であるが，長い自由な自治が大学の特権化を生み「蛸壺化」と「硬直化」を招き，本来の目的である「大学は国をつくる」使命が「大学は序列をつくる」結果になってしまった。2015年10月に政府に提出された国立大学協会の「国立大学の将来ビジョンに関するアクションプラン」[14]では，国立大学が今までの国立大学の改革がどちらかというと政府政策に対する「リアクション」であることを反省し，大学が進んで「アクションプラン」をつくり政府の政策につなげていくことの決意が出ているので，この意気込みを歓迎したい。

14）水田恭介（国立大学協会副会長，筑波大学長）「国立大学改革プラン：主体的に変革，着実に」『日本経済新聞』（2015年10月12日付）

■ 日本の大学をとりまく厳しい国際環境（ジオポリティクス）■

1）少子化の進行
・初婚年齢の高齢化：
　男性（夫）　1980年　27.8歳　2013年　30.9歳
　女性（妻）　1980年　25.2歳　2012年　29.3歳
・出生率の減少：
　1975年　2.0　　1990年　1.54　2014年　1.42
2）日本人口と18歳人口の減少：
　日本人口：現在の1億2000万人が2050年に1億人割れ
　18歳人口：1992年205万人が2018年から減り始め2025年に半数の109万人
3）大学数の過剰：
　国公私立大学数：1985年460校，2015年779校
　定員割れ，経営悪化：私学の経営赤字31.9%（2013），私学定員割れ45.8%（2014）
4）世界大学ランキング低下：
　東京大学のランキング：2004年タイムズ・QS共同ランキング12位。2015年タイムズでは43位（シンガポール国立大26位），QSでは39位（京都大学38位）に低下
　シンガポール，香港を含む中国，台湾，韓国などのアジア勢やイスラエル，トルコ，サウジアラビアなどの中近東の大学が台頭
5）世界の留学生数増加：
　2000年210万人，2013年には430万人と約2倍。2020年は700－800万人と予測
　日本への留学生の伸びはこの5年間13－14万人で停滞
6）日本に来る留学生数（IN）停滞：
　2003年：10万9000人，2013年：13万5000人，2014年：13万9185人
　中国・韓国，ベトナムの留学生が約75%で欧米留学生が少ない。
7）日本からの留学生数（OUT）減少：
　2004年8万2000人（ピーク），2011年5万7000人に減少，2012年6万138人
　留学先は中国，米国，英国の順で，3国全体の約74%。米国留学生は2004年4万人から2012年1万9568人に大きく減少し，OECDから「内向き現象」と忠告を受けた
　政府の外国への留学生数目標は2020年に倍増の12万人
8）教育財政の逼迫
　高等教育予算の少なさ：2000－2005年5％増加　（OECD平均40%）
　高等教育への公的支出（GDP比）：0.5%　（OECD30カ国最低）
　政府総債務残高：2014年度末　1200兆円　（対GDP比246.1%）

出所：政府白書，各ランキング機関 UNESCO,OECD 統計などを筆者が編集

　日本政府も積極的に改革を進めている。高等教育の世界的な遅れを危惧し10年前から教育と国際化改革を本格化した。国立大学法人化，専門職大学院と自己点検・評価と認証評価制度の導入，ガバナンス強化のための教育法改正，国際競争力強化のための競争資金によるグローバル化プログラム，世界的ランキングを意識したSGU（スーパーグローバルユニバーシティ）の採択，国立大学文科系の整理と再編成，国立大学運営交付金の効率化・競争的分配，大学入

試制度見直しと高校基礎力テストなどと矢継ぎ早に政策を実地してきた。大学の法人化や世界大学ランキングの創設から10周年目の2014年に「日本再生戦略」の一環として世界大学ランキング入りを狙うSGU（スーパーグローバルユニバーシティ）が選定されたのは意義が深いことであった。明治維新以来，久しぶりに政治家，官僚，大学が第3の教育改革に燃えている。

　しかし，一番の課題は，世界の高等教育の激しい競争環境でどう成果を出すかである。根本的問題は，日本型のグローバリゼーションは世界のグローバリゼーションと温度差があり，この10年間結果につながっていないことである。日本の積み上げ型あるいは内発的日本型と，欧米のなし崩し型で外発的世界型の「2つのものさし」を使うのでなく世界標準の「1つのものさし」でグローバリゼーションを進めるべきである。すなわち東大を中心とした「雁行型」をとってミニ東大をつくるのでなく，いろいろな特色をもったとがった大学が山脈をつくる「山脈型」を狙うべきである。本書を通じてSGUだけでなく日本全体の大学がそれぞれ特色のあるグローバル化をすることで，なるべく多くの大学が総合あるいは科目別世界大学ランキングにランクインすることを祈って，第2章はいかにして世界ランキングに入るかを述べる。

★★★　第2章　世界大学ランキングの重要性

　世界大学ランキングは大学生の国際流動性の増加と相関関係があり，その重要性は年々高まっている。現在，約430万人の学生が国境を越えて世界の大学で勉強をしているが，10年後には2倍近くなることが見込まれている。世界の高等教育機関の国際間競争は激化し「メガ・コンペティション」の時代に入った。留学生は「グローバル社会で勝つためよりよい大学を受験しよう」と国内だけでなく世界大学の情報を集めるようになった。そのためランキング指標が重要となり，ランキング機構の提供するランキング，大学情報，イベントは彼らの大学選択にますます意味をもつようになった。経済新興国では特にこの傾向が強く，2－3年前に国際会議で中国を訪れたときの印象は強烈だった。上

海に進出した米国ニューヨーク大学の入試説明会をテレビで放送していたが，中国人父兄が争って大学関係者から入学説明書を取り合っていた。学生だけでなく父兄も競争の最前線に立つ時代になったのである。長らく一人っ子政策を続けてきた中国は特に教育に熱心で，娘や息子の教育に一家を上げて投資し，長期の見返りを求めるのでこの行動は当然である。

　また，欧米の有名大学は自国での募集だけでなく，優秀な学生を求めて海外キャンパスを開くようになった。2011年時点で世界50カ国に約160校の海外キャンパスがあり，そのうち米国の大学が半分の80校で1980年以来8倍に増加したといわれている[15]。進出大学は，進出先政府や地元の大学と組んで援助を受けている。ハーバード大学は上海の上海中国銀行（HSBC）と組み，ニューヨーク大学は上海の華東師範大学と組み，デューク大学は武漢の武漢大学と組んでキャンパスをつくった。シンガポールには，エール大学がシンガポール国立大学と組み医学部，ジョンズホプキンス大学が音楽学部の分校を，エール大学はより本格的な4年生のリベラル・アーツ大学「エール－NUS（Yale－NUS University）」を創設した。周辺のアジアの国も対象にしてに学費も本国の2分の1から3分の1で，2017年には1000人規模のアジアの国際型リーダー養成大学をめざす[16]。

　そのほか，マレーシアにはオーストラリアのモナーシュ大学，英国のノッティンガム大学などが進出している。高等教育を石油の次の資産に位置づけたアラブ連合首長国（UAE）には，特に大規模な大学誘致計画で米国のコーネル大学，カーネギーメロン大学，ニューヨーク大学，MIT，ハーバード大学，フランスのソルボンヌ大学，英国のLSBなどを誘致した。必ずしもすべて成功しているわけではないが，それぞれの地域のジオポリティクスな地勢や立場を利用し地域から将来のリーダー育成のための「グローバルネットワーク大学グループ」を形成している。グローバル化の新しい傾向として注目したい。

15）BBC　News（March10，2011）および Bloomberg　Anyware（October 4，2013）
16）BARRON'S（March 7，2015）「Yale goes to Asia : Yale is looking to mold the nex generation of Asian leaders at its new college in Singapore」

このようにランキング上位の有名大学はランキングやブランドを利用して企業と同じように新興国に進出し大学ビジネスを展開する時代となった。しかし，日本の大学の海外進出は本格的なものはまだ存在せず，外国大学の日本分校も1990年代にカーネギーメロン大学，コロンビア大学，マギル大学などの北米有名校はほとんど撤退し，2000年になって文科省認可になって大学院まで進学を承認されたのはテンプル大学だけである。日本の競争意識とランキングに対する考えの特殊性によると思われる。日本の産業構造をみるとサービス産業率が70％と高いが，高等教育はサービス産業化していない。いまだに大学のレベルを入試での偏差値のランキングにこだわり，大学の教育，研究の質，国際性などでの評価では国際基準が使われていない。外国製の大学ランキングに対しては大学も2分化し，賛成派と反対派に分かれる。グローバル派や改革派の大学は「改革は時代の要請」「競争ないところにグローバルな卓越性はない」と組織的に対応しはじめているが，国内派や保守派の強い多くの大学は「学問にランクつけなどできない」「ランキングは日本の文化に合わない」などと主張し，護送船団派を形成している。

　ランキングが毎年発表されるとランクインしてない大学は「（論文の多い）医学部をもっている大学には勝てない」「国際に特化している学校にはかなわない」などという言い訳派が多いのも特徴だ。明治維新の前にも攘夷派，開明派があり，第二次世界大戦の前にも開戦派と反対派があり，高度成長期でさえも貿易のグローバル派と反グローバル派があったので理解はできる。しかし，「世界に勝てない大学は生き残れない時代になった」という点では，ことに両者とも意見が一致しているから問題の根が深い。産業界では「企業が国際化して大学が国際できないのはなぜか？」という声が高まっている。大阪大学教授の大竹文雄[17]は米国シンクタンク「ピュー研究センター」の調査で日本人が市場競争に信頼をおいていない結果が出たことをあげ，日本は「資本主義の国のなかで，なぜか例外的に市場競争に対する拒否反応が強い国」と，日本の競争意識の特殊性を述べている。

▍17）大竹文雄『競争と公平感：市場経済の本当のメリット』中央公論新社，2010年

しかし，最近になって明るい兆しは見えてきた。2013年6月に政府から成長戦略「日本再興戦略」が出され「今後10年間で世界大学ランキングトップ100にわが国の大学10校以上入れ国際的な存在価値を向上する」という成果目標がはじめて具体的に打ち出されたからである。高等教育政策の頂点にいた下村文科相（当時）は「護送船団方式では世界に負ける」[18]，「（国立）大学は社会の変化に柔軟に対応する自己変革が必要だ」[19]と改革を訴えた。欧米でも当初，世界大学ランキングに関しての批判もあったが，その意義とメリットを理解する人も多くなり，今日，ランキングは定着している。また，ランキングのユーザーでもある各国の政府，企業，研究機関，大学，学生，父兄などが優秀な大学選択の「世界標準資料」として使いはじめたので，日本でも徐々にではあるがメリットが理解されはじめ感受性が高くなっている。

ランキングを使うときに誤解していけないことは，「ランキングは目的ではなく，あくまで手段である」ということを忘れてはならない。競争事情で勝つときもあれば負けるときもあるので一喜一憂する性格のものではない。手段として上手に使い自分の大学の長期計画や戦略に使えばその効果は大きい。最近では世界の有名校はランキングを使って大学改革の指針設定，協定校や企業提携選択，共同研究校や協定校決定などに利用している。また，ジオポリティクスの面から先進国はさらなる先端的イノベーション改革のための優秀人材の獲得，新興国は自国の将来の発展のためのグローバル人材育成計画に使っている。

日本はジオポリティクスの変化を考慮して，遅まきながら10年前から国立大学を中心に継続的で積極的な大学改革を始めた。研究・教育水準とガバナンスの世界的な向上をめざして2004年に国立大学の法人化を行い，学部の枠を超えた連携や再編成，学長権限の強化などによるガバナンスの強化，財政基盤の確立，第三者評価の実施などによる自己点検・評価の確立，高度教育・研究のための国際力競争的資金の設置，グローバル化プログラム，国立大学の機能別三

[18]「大学の悲鳴－ランキングと業績評価の功罪」『中央公論』（2014年2月号）
[19]「変わる社会，大学も改革を」『日本経済新聞』（2015年8月10日付）

分類化や文科系学部再編，私立大学の定員超過補助金削減，国立，私立大学にまたがる入試改革など次々改革の手を打ってきた。

　グローバル化の改革も進み，最近では世界ランキング入りを期待できる政策も出てきた。2014年に文科省が出した大型で長期的な国際競争プログラム「スーパーグローバルユニバーシティ（SGU）」[20]である。欧米先進国に対する日本版キャッチアップ政策であったが今後10年で世界のトップ100に入れる可能性のある大学が選定され政府が10年間にわたり大型の補助金支援を供与する。このプログラムでは，合計37大学が採択されたが世界ランキング100位以内を狙う「トップ校」カテゴリーでは国立大中心に13校が選ばれ，特色のあるプログラムをもち総合や分野カテゴリーの上位を狙える「グローバル牽引校」は国公私立24校選定された。トップ校カテゴリーの大学は今後10年間政府の5億円，グローバル牽引校は1.5億円を得て世界のランキング入りを狙う。このSGUプロジェクトは国立大学の法人化および世界ランキング開始10周年にあり文科省第2次中期計画の最後の年にあたるのも意義の深い。日本がようやく「世界で活躍できる日本の若者を育てる」ために世界のランキング大学の上位を狙うという覚悟を決め世界に対して宣言をしたという意味では，今までの日本にはない大変すばらしいことである。

　しかし，その間に世界の大学界は2倍のスピードで大競争時代に入り，シンガポール，中国，UAEが有名校を招致して大規模なグローバル化を実施していることを忘れてはならない。「世界大学ランキングトップ100に10校以上入れる」と宣言したことはすばらしいことだが現実は厳しい。SGUは，現時点では日本が世界のトップを狙う挑戦の意思表示でしかない。ちなみに最新の2015

20）スーパーグローバル大学37校の内訳：タイプA（トップ型）北海道大学，東北大学，筑波大学，東京大学，東京医科歯科大学，東京工業大学，名古屋大学，京都大学，大阪大学，広島大学，九州大学，慶応義塾大学，早稲田大学以上13校，タイプB（グローバル牽引型）千葉大学，東京外語大学，東京芸術大学，長岡技術科学大学，金沢大学，豊橋技術科学大学，京都工芸繊維大学，奈良先端大学院，岡山大学，熊本大学，国際教養大学，会津大学，国際基督教大学，芝浦鉱業大学，上智大学，東洋大学，法政大学，明治大学，立教大学，創価大学，国際大学，立命館大学，関西学院大学，立命館アジア太平洋大学以上24大学

－16年度の世界大学ランキング（総合ランキング)[21]でタイムズでは100位以内に東大（43位）と京大（88位）の2校しか入っていなく，東大はシンガポール国立大学（26位），北京大学（42位）に次いでアジアで3位となり初めて首位から転落した。QSランキングでは，100位以内に5校ランクインしているが京大（38位）が東大（39位）を初めて逆転し，以下に東京工業大（56位；以下，東工大），大阪大（58位；以下，阪大），東北大（74位）と続いている。

　タイムズもQSも「アジア大学ランキング」を「世界大学総合ランキング」とは別に毎年半年遅れて，翌年の6月に発表している。2014－15年をベースにしたタイムズアジア大学ランキング[22]によると東大がアジアで1位を維持しているが，別発表のアジアトップ校100位以内にランクされた大学合計では中国に初めて抜かれた。QSランキングは，総合ランキングでは22位がシンガポール国立大学，28位が香港大学，31位が東大，36位が京大であったが，6カ月後のアジア大学ランキングでは1位がシンガポール国立大学，2位が香港大学，3位がKAIST（韓国科学技術院）で，日本勢では東大が12位，阪大が13位で京大は14位と阪大が京大を抜いた。このQSアジア大学ランキング版は，総合ランキングの評価項目をアジアに合わせて修正してあるので，国際性が低い日本は不利など異論のあるところである。しかし，結果的に欧米の有力校とシンガポール，香港，韓国，台湾などの高等教育に熱心なアジアの国の追い上げに挟まれた形になった。

　前述したジオポリティクス環境やランキングの変化にみられるように，日本の大学をとりまく競争環境はより厳しくなっている。下村前文科相が言うように「自己改革を求めない大学は国立でも潰れる。一番よい大学は国境を問わず学生が選ぶ時代」[23]に突入した。

21) タイムズは「THE World University Rankings2015－16」，QSは「QS World University Rankings2015－16」
22) タイムズは「Asia University Rankings2014Top100」，QSは「QS University Rankis：Asia2014」
23)「強い大学特集」『エコノミスト』2014年8月5日号,「大学の悲鳴」『中央公論』2014年2月号

次節では，筆者の国際経験を含み世界のランキング業界の事情と日本の大学の改革すべき課題を述べる。

1．世界大学ランキングとの出会い

筆者と世界学生ランキングとの出会いは，筆者自身の国際化の結果であり必然であった。ケネディー大統領が夢をもって世界を牽引し，日本が国際化に向かって東京オリンピック開催（1964）に燃えていた高度成長期に青春時代をすごした。大学在学中に英語研究会（ESS）委員長，国際大学連合（ISA）委員界で活動し，在学中に取得した公式ガイド免許（英語）をフルに使って日本の観光会社で外人観光ガイドのアルバイトをしていた。米国オリンピックコーチやチームの人たちと友人になりゲームに招待され，選手の息使いが伝わる距離で競技を見た。想像以上の激しい競争と米国の圧勝ぶりを見て，初めて世界で勝たなければ意味がないことを教わった。

いろいろな国のいろいろなレベルな人と接するうちに国際化や競争のメリットを感じ，将来は国際的ビジネスマンになる決心をした。大学卒業後働いた商社，パン・アメリカン航空（東京）で国籍のちがった外国人と一緒に働いた経験は，国内での貴重な国際間競争の経験であった。そのとき，初めて日本で学ぶ英語レベルの低さと日本型国際化の限界を感じ一念発起してパンナムからもらった片道切符でミネソタ大学大学院に留学した。

ランキングと競争の厳しさを思い知らされたのは，パンナムとソニーでの経験だった。結果的に当時世界最大の航空会社で世界ランクNO.1で光り輝いていたパンナムは航空競争に負け倒産し，世界のエレクトロニクス界で世界NO.1といわれたソニーも世界競争に負け昔の面影はない。競争は非情で勝者と敗者を生むが，新しい時代を牽引する勝者を生む。パンナムは航空業界でいち早く世界一周航路を開設し，大型ジャンボ機導入，世界的ホテルチェーンを展開し，ビジネスクラスなどの顧客サービスを最初に導入しセンスのよさやかっこよさを含みすべて世界基準で，その象徴であったマンハッタン，パーク・アベニューのパンナムビルは勝利のシンボルだった。しかし，政府の航空政策規制緩和による競争激化，機材の過剰投資，放漫経営で破産し，競争相手

のユナイテッド航空に合併された。絶対に潰れることがないと思われた会社も世界的に有名なロゴも一瞬で消滅した。この経験は若くグローバリストを自負していた筆者を失望させたが，勝利するためには常に内外環境変化への感度を高くし「勝つため」の国際競争力を維持することの重要さを学んだ。

　米国大学院留学中は"人"の競争力を学んだ。米国人だけでなく留学生の競争に対する真剣さを学び，インターンシップの実務では日本では想像できない競争社会の現実をみた。帰国途中のハワイから申し込んだソニー途中入社試験経験も貴重だった。「英語でタンカを切れる人」募集で有名な海外営業本部に所属し，当時最もグローバル化の進んだ会社で国際競争力のある先輩や仲間と「自由闊達」な生活を送った。競争は激しかったが米国とフランスに合計約15年駐在させてもらい，ソニーの「世界で１位」を狙った競争戦略，人材育成，商品企画，新事業展開，国際広報・渉外を経験，実行する機会を得たことは退職後に入った大学界でも十分に役に立った。

　海外駐在中の日本とソニーは，最盛期で無敵だった。ハーバード大学教授のエズラ・ヴォーゲル『ジャパン・アズ・ナンバーワン』（広中和歌子訳，1979年，ティビーエス・ブリタニカ）の波に乗って，米国でもフランスでも現地のメーカーや販売ネットワークを撃破していった。日本のエレクトロニクスの快進撃はすばらしかったが，大学院でのマーケティングのクラスで実証されたプロダクト・ライフサイクル論があり，どんな先進国の新製品でもいつか新興国に負けるときがあることを知っていたので，内心恐ろしかった。米国はマイノリティーや無名でも有能で競争力のある人や会社を温かく迎える土壌があったが，かたやトップの外人がある日突然クビになる競争の厳しさには驚いた。ソニーは盛田と井深のコンビで戦後の小さな会社から出発したが，最初から世界標準を目標に「東京通信工業（東通工）」から横文字の「SONY（ソニー）に変えて，活路を海外に求めいち早く世界の一流企業になったのは正解だった。盛田は，米国では「ソニーは米国の会社だ」といわれるほど現地化させ，欧州で最も気むずかしいフランス人に尊敬され世界の競争社会での勝ち方を知っている人であった。

ソニーを定年退職してから，縁があり10年間大学で教鞭をとった。大学が国際化に舵を切っていたときであったので，この転進はタイミングがよかった。日本の全盛期（バブル時代）に駐在したフランスのINSEADやグランゼコールなどでの講演や講師実績やメディア，地域貢献，ネットワーク構築など広範囲な社会貢献活動をしたことが評価された。横浜国立大学（以下，横国大）では准教授，城西国際大学では教授（特任）として国際マネジメントやマーケティングを主に大学院で教えた。大学界は企業とちがい，国際化は遅れていたが，幸いに筆者自身は国際化に熱心な国立，私立大学に身をおいたため自由に腕がふるえた。特に，横国大時代に大学の国際委員会に属しいろいろな国際会議に参加し世界教育界のリーダーたちとの交流ができたことで，日本の大学は教育，研究では欧米に伍しているが国際競争に弱く国際性に劣ることがよくわかった。

　ランキングに興味をもち始めたのは，毎年米国，欧州，アジアで開催されるNAFSA（米国），EAIA（欧州），QS－APPLE（アジア）などの国際教育者交流会議に参加するようになってからである。そのほか，上海交通大学のWCU会議，IREGや各ランキング機構の会議などに参加し世界の大学関係者と関係を深めたことが今日につながっている。特に，世界二大大学ランキング機関の１つであるQSが開催し世界から毎年1000人の規模で開催される「アジア・パシフィック国際教育者会議（QS－APPLE）」や「QS中近東・アフリカ国際教育者会議（QS－MAPLE）」で日本代表としてアカデミック運営委員を務めた経験はランキングを正しく理解するのに貴重であった。QS－APPLEでは１つのセミナーを任され会議のチェアを６年間務め大学運営，国際化，カリキュラムなど国際的な課題を英語で議論できたのは有意義であった。こういう場所で得た知識・経験を使って準備し，一時，横国大を354位に入れることができた。

　日本でのランキング普及にも一役買った。観光会社を経営する傍ら大学関係のNPO法人活動に熱心な友人と，なるべく多くの大学をランキングに入れようとランキングセミナーを日本で最初に開催した。しかし残念ながら，当時はランキングに積極的な大学は少なかった。日本の大学の「ランキング・アレル

ギー」は，まだ継続している。そのような理由で，なんとか多くの大学が世界ランクに入れないかと願い，現在も世界主要ランキングセミナーの常連となって啓蒙活動を続けているが道は遠いようである。

2．世界大学ランキングの意義

日本人の競争意識を前出の大竹文雄は，著書『競争と公平感』で，「日本以外の多くの国は，市場経済のメリットとデメリットを人々はよく理解していて，メリットのほうが大きいと判断している。これに対し，日本では資本主義の国であるにもかかわらず，市場競争に対する拒否反応が強いのである。日本は市場競争のメリットを，自分たちに言い聞かせる努力をしてこなかったのである」と要約している。したがって，公平感を求める日本人には，差別感を与える世界大学ランキングがあまりなじめなかった。しかし真の競争とは，教育市場で激しく競争して他校のよい所をベンチマークすることで大学全体がよくなり，その結果を再分配することでほかの大学にもメリットがでるのである。

欧米では各大学とも一年中ランキングを意識して努力しているが，日本ではランキングが毎年秋から翌年の冬にかけてメディアで発表されたときにしか話題にならない。ランキングに対するアレルギーも高い。10年前に初めて発表されたときの拒否反応は強く，「なんで（伝統と実績のある日本の大学が）英国や中国にランキングされなければいけないのか？」「ランキング手法がまちがっている」などさまざまな拒否反応を聞いた。

あれから10年余たち，最近では海外留学や教育のグローバル化が当たり前になり，好き嫌いでランキングを評価できなくなってきた。背景としては，隣国の中国や韓国，新興国が国家戦略としてランキング入りをめざして日本を脅かしはじめたからである。また18歳人口の減少による受験生の減少，地方国立大学や私学の定員割れ問題や赤字経営が発生し留学生が重要な人材資源になってきたことなどもある。国立大学の法人化をはじめ政府発の競争的補助金制度が始まり，大学の存亡のためにも「好きか嫌いか」より「やるかやらないか」の時代となり，国内外の優秀な学生をリクルートするために大学が本気で取り組むようになった。

日本にいる留学生はあまり口には出さないが，ランキングに敏感である。筆者が大学ランキングの存在を最初に知ったのは，留学生の質問からだった。横国大の英語プログラム（文科省奨学金留学生対象）に参加していた短期留学生から「横国大は世界大学ランキングで何位か？　学科ランキングは？」「日本の大学院に留学したいが世界ランキングに日本の大学が少ないがなぜか？」と真剣に尋ねられてあわてたことがあった。タイムズ・QSの世界大学ランキングの冊子を留学生が見せてくれ，その存在理由がわかった。また，ランキングの恐ろしさを知ったのは，学術交流校を探しに欧米を訪問したときだった。相手の教授や国際センターの担当から，「お宅の大学はランキングに入っていますか」と最初に質問されて面食らった。特に英国の有名大学を訪れたときに，「（貴校はよい大学だと思うが）100位以内に入ってないとトップの了承を得られない」とはっきり言われたときはショックであった。要するに世界的に同格以上の大学でなければ，有名校との交流はむずかしいのである。したがって，欧米の学生は希望大学，教授，学生，教育・研究の評判や質，学生の就職率，OBの就職先，卒業後の社会地位など，実に詳細に調べ上げて具体的な質問をしたのである。

　しかし日本の大学は，ランキングとはかけ離れた世界である。日本の大学には欧米並みのプロフェッショナルな英語プログラムが少なく，日本語や日本文学，最近ではアニメ，マンガなどが好きな学生が集まりやすい。世界に知れたトップ校や有名校が少ないため，一部の大学を除いて欧米の優秀な学生が集まりにくい。また，日本の大学名もむずかしいので損をしている。大学名の字数が多く長いことは不利である。すでに国際会議や学会で日本の大学を知っている大学関係者は別として，東大，京大，阪大など東京，京都，大阪や名古屋，神戸，横浜など国際的な都市名がついている大学名は覚えているが，それ以外の大学の名前は覚えていない。横国大は国際都市の横浜と関連してよく覚えられていたが，横浜市立大学との差はわからずよく「ヨコハマユニバーシティ」といわれた[24]。現在は英語名のYNUを使っているが，賢明な策である。有名校の一橋大学は英国のLSEに比べて知らない人が多く，そのうえ名前が長す

ぎて損をしていると友人が言っていた。ランキングには大学名を正しくかつし
つこく普及させる必要性がある。

　最近では，海外オフィスをもつ大学もあり，留学生フェアや大学独自の説明
会などで大学の存在を世界にアピールしているので状況はよくなっている。し
かし，広報にも問題があり，日本の大学の存在，海外発信はあいかわらず弱
い。ホームページを見れば，一目瞭然である。ホームページの英語版は直訳か
抽象的なものが多いので，大学の留学生や卒業生など大学をよく知っているネ
イティブに書かせないと入学希望の留学生のハートに届かない。その点，世界
大学ランキングの効果は大きく，大学を一挙に宣伝できる。大学ランキング
は，欧米や英語圏の国では大学のブランドマネジメントとリクルートマーケ
ティングの大きなツールとなっている。タイムズでもQSでもどちらかに入れ
ば有名大学として扱われ留学生も集まる。100位以内に入れば「ワールドクラ
ス・ユニバーシティ（WCU）」として尊敬され，200位以内に入っていれば有
名大学として扱われ，欧米の大学の態度も扱い方も変わってくる。正直いっ
て，200位以下500位までは，効果はあるがそれほど差はない。500位から800位
はランキング機構のマーケティングだと思ったほうがよい。つまり，最低500
位以内に入っていることに意義がある。

　世界総合大学ランキングが始まったのは2004年からである。ちょうどその頃
から世界の海外留学生数も急増し，2000年の210万人が2005年には300万人と約
4割増加した。日本もこの恩恵を受け留学生が2倍になった。大学情報を提供
していた英国新聞社タイムズの教育版『タイムズ・ハイアー・エデュケーショ
ン（THE）』とすでにMBAリクルートや受験生コンサルティングをしていた
国際教育コンサルティング会社「クアクアレリ・シモンズ社（QS）」が共同で
「世界大学ランキング（THE-QS）」を発表しはじめたのは当然の流れであっ
た。中国は，世界の大学に追いつこうと政府指導で江沢民主席の母校である上
海交通大学に研究センターをつくり，2003年から独自の大学ランキングを始め

　24）現在はYNU（Yokohama National University）を横浜国立大学の総称として
　　　使っている。

たが性質上しばらく大衆的にならなかった。当然，世界大学ランキングの発表は，国内向けの偏差値ランキングをとっていた日本教育界の「黒船」となり業界を大きく揺さぶった。

当初ランキングには批判があったが，世界の教育者をつなぐ手段を提供した。すでに欧米の有名ビジネススクールなどの国際的なリクルートをしていたQSは，ランキングを利用して派生的な教育者交流ビジネスを展開していた。特に留学生の多いアジア・パシフィック地域の政府，企業，大学の学長，副学長を集めた「アジアパシフィック学長会議（QS：SHOWCASE ASIA)）」，政府，財界，大学トップマネジメントと国際交流責任者を対象とした国際教育者会議「アジア・パシフィック教育者会議（通称QS－APPLE)」を開催し，国際教育にたずさわる研究発表と教育者の交流の場所を提供した。米国で開催されていた全米教育者会議（NAFSA），欧州教育者会議（EAIA）のアジア・パシフィック版をつくったのである。政府関係や有名人の基調講演，テーマ別の研究発表（レフリー付）や討論会にランキングセミナーをからませ，ランキングセミナーでは研究や教育の質を向上させるための忌憚のない意見が出され毎年充実した会議になっている。

自分に一番合った大学を世界の大学から選び，国際的環境のなかで勉強して異文化にふれ，海外でキャリアを積んで自国で成功する。こういうグローバルなキャリアを求めている学生が多くなった。ランキングは，そういう若者を満足させる手段となった。グローバルかつ異文化の環境のなかで世界の仲間と自国語以外の言語で多文化，競争社会に生きるための大切な原理を学べる。また，国籍のちがう多数の友人にも出会い将来のネットワークとキャリア形成にも役立つ。大学も国際化することによって大学に働く教員，事務員のレベルを国際的にすることができ，その人たちのキャリアを促進する。

さらに世界大学ランキングは，地域の国際化と活性化の有効な手段にもなる。大学が国際的になり国際ランキングで上位にランクされれば優秀な学生が全世界から集まり，優秀な学生が集まる都市は国際学生都市になり地域の国際化，活性化につながる。「都市に留学生が多くなり大学がグローバルすると日

本的な文化を崩す」などという理論は当たらない。なぜなら，本当のグローバル化は自国の文化のアイデンティティがあってこそ成し遂げられるわけで，現に留学生は日本的アイデンティティの少ないところには行かないからである。東京，京都，大阪，神戸，横浜などは，国際性とローカル性がブレンドして特徴のある都市ができたよい例である。QS は毎年留学生に人気のある都市を発表しており，「QS ベスト・スチューデントシティズ2015（トップ50）」[25]ではパリが 1 位に選ばれた。以下メルボルン，ロンドン，シドニー，香港，ボストンの順で東京が 7 位，京都が34位，大阪が48位であった。

パリやロンドン，東京は今も観光客だけでなく多くの留学生をひきつけているが，神戸や横浜は昔は世界的な貿易港で外国企業も多くミッション系の大学が多くあり国際学園都市としても名高かったが，現在は国際的地位を落としている。地方創生のためにも WCU を増やして，多くの留学生を誘致することは大切である。

3．世界大学ランキングになじめない日本

日本人は，けっして競争やランキングが心底嫌いなわけではない。諸外国に比べて所得格差が少なく，平等意識や社会的規範が強いからである。ある程度の格差やランク差は認めるが，過度のランク差は認めない傾向にある。大竹文雄の日米 CEO に対する米国の所得差の決定要因調査によると，米国の要因ランクは努力・学歴・才能の順で，日本の場合は努力・運・学歴の順番であるという。運が 2 番目であることが微妙である。特に米国では学歴信奉者が多く米国人の77％が「学歴が所得を決定する」と信じているのに，それを認める日本人は半分以下の43％である。実際に，日本は欧米に比較すると非学歴社会，平等社会で学歴差や大学ランク付けを認めることに抵抗があると思われる。

しかし，一方ではランキングをつけたがる国民でもある。相撲にも番付表は

---

[25]「QS Best Student Cities2015」は，書付機関 QS が留学生比率，生活の質，費用対効果，雇用状況，人気度などを評価して毎年トップ50を発表。2015年度はトップ50の内訳は米国 8 校，豪州 7 校，英国 4 校，カナダ，日本それぞれ 3 校であった。地域では欧州20校，北米12校，豪州 7 校，南米 2 校と，欧州が圧倒的に人気がある。費用対効果が最も重要。

あり，江戸時代からランキング情報誌「見立て番付」があった。レストランに関しては欧米のレストランランキングを抵抗なく受け入れ参考にしているし，企業のパーフォーマンスランキングも好きである。ところが，こと大学ランキングとなると，偏差値ランキングは受け付けるが，世界レベルでの世界大学ランキングには抵抗がある。都合のいいランキングは好きだが，都合の悪いランキングは嫌いである。したがって全体的に日本発への世界標準は少なく，いつも英国，米国など国際標準化の強い国の後塵をはいしている。エレクトロニクスでも通信でも世界的な製品をもちながら世界標準化できなかった。

特に，理性や合理性を主体とする欧米ランキングは苦手で，どちらかというと感性と曖昧さを大事にする国である。オックスフォード辞典によると，ランキングの定義は「物や人の順位を表し，それらを順位にならべる行為」と定義している。語源は，ゲルマン系部族フランク族の言語から来ていて階級を表す軍隊用語ランク（ranc）に由来する。侵略戦争に勝ったゲルマン人の欧州各国への侵入，統治によってこの言葉が普及変形してランク（rank）となった。資本主義をとる西欧社会では公正な競争は国家が発展する重要な要素であり，何ごとも戦って「勝ち取る」という競争社会の基本である至上主義，ランキングという概念は欧米人のDNAのなかに埋め込まれている。ランキングは教育発展や活性化の基本理念であり，ランキングのメリットと正しい運用によって真の質の向上がはかれると信じられている。しかし，日本は「ゆとり教育」「大学のレジャーランド化」にみられるように，時に規範がゆるむ性質があり教育社会ではランキングは受け入れがたい規範になっている。

日本のランキングシステムは特殊な時代背景がある。日本で階級というランキングが定着したのは，封建制が定着した徳川時代である。それまでは戦国時代と呼ばれる無差別競争社会であり，ランキングは定着しなかった。徳川幕府は統治方法として「士農工商」という社会的ランキング社会をつくり，全国を平定し戦争のない安定社会を築いた。260年間の絶対的封建制を確立し，外部には強固な鎖国政策をとる「絶対的ランク社会」を築いた。したがって教育制度もそれぞれの社会的地位に基づいた教育制度がつくられた。当時の高等教育

は，武士階層だけの特権であり一般市民は寺子屋どまりであった。

　外部から閉ざされた鎖国政策による教育制度には限界がある。外国からの圧力，幕府の財政難と統治能力の欠如で先進的下級武士が反乱を起こし，明治維新を起こした。現代的にはランキングによる世界基準，政府財政債務，ガバナンスと置き換えるとわかりやすい。身分階級制度が廃止され自由，民主主義が導入され同時に西欧社会の競争原理が導入された。しかし，国内政策を優先させたために外国との格差は歴然としていた。欧米列強の圧倒的強さの前に明治政府は富国強兵政策を掲げ，第一次世界大戦では勝利国となったが，経済的にも軍事的にも欧米に追いつかなかった。その後，日本の軍事，外交政策全般にわたり欧米の差別ランキング的圧力をかけられ，対抗するために，独自の政策を強行し第二次世界大戦を起こしたが，結果的に大敗を喫し多くの犠牲者を出した。

　平和的にランキングに勝とうと努力せず，西欧の序列（ランキング）を認めずに日本のルールで戦って負けた代償は大きい。第二次世界大戦後の日本は，世界の序列を認め世界標準に追いつくためのキャッチアップ政策をとり，日本型の競争主義をつくって驚異的な復興をとげ世界で第 2 位の経済大国となった。しかし，本当の意味で市場主義やランキング主義を導入したのではなく，日本独特の「平等的競争主義」をとり，成功して国民の90％が同じ中流にいるという認識をもてる社会をつくったのである。欧米の競争主義に基づいた格差社会とちがい，真ん中が太い「ダイヤモンド型の中流主義」は心地よく，それなりの教育改革で教育大国日本をつくることに成功した。しかし，本当の競争主義は生まれず西洋式のランキングシステムも導入しなかったために現在の世界的な競争時代に苦しんでいる。

　日本型の大学制度はそれなりにすばらしいが，グローバル化時代には問題が多くなった。歴史的に見ると，明治維新後，日本は国家エリート養成のための帝国大学を中心とする国立大学とその政策や戦略を実行する専門学校（のちの私立大学）をつくった。その後も基本的な序列としてエリート大学の帝国大学，準エリート大学の地方国立大学，実務エリートの私立大学，専門家を育て

る専門学校という階級制度が続いている。特に第二次世界大戦後の大量生産，大量消費社会ではこのシステムは有効であったため効力を発揮したが，現在の少量多品種生産，サービス産業化，グローバル化，知的社会化社会の到来でこの従来型のモデルは機能しなくなった。日本はバブル崩壊後のデフレで「20年間の失われた時」に苦しみ経済成長が停滞した。したがってイノベーションやグローバルリーダーを輩出すべき大学は，大きな結果を出せず抜本的な転換を迫られている。

　そのような非競争の日本にも1980年代に，世界と戦うグローバルな大学がつくられた。日本のグローバリゼーションが本格的に始まった1982年に財界人のイニシアティブで新潟県南魚沼に日本で初めての本格的国際大学が設立された。英語を公用語にして外国人教師，外国人留学生を主体にした私立大学の国際大学（IUJ）大学である。翌年の1983年には政府の政策として外国大学との交流，途上国人材育成を目的する「留学生受け入れ10万人計画」が打ち出された。1990年代の冬の時代が明け2000年には県と経済人が支援し京都の立命館大学が大分にアジア太平洋大学（APU）を創設した。当初は先行きが危ぶまれていたが現在では卒業生がひっぱりだこの地方発の国際大学になっている。

　秋田県は2004年に，撤退した米国州立大キャンパス跡地に国際教養大学を創設した。国際化の流れに乗り遠隔地であるのにもかかわらず，全国から世界への雄飛をねらう優秀な人材を集めた。大分と秋田の試みは，現在政府が進めている地方創生事業の教育版として手本になる。2007年には経済産業省のイニシアティブで英語を使って世界で活躍できる人材育成のためのプログラム「産業人材養成パートナーシップ計画」が出されて留学生増加支援策がとられた。さらに2008年には福田首相が自ら国際化のイニシアティブをとり2020年までにより多くの優秀な留学生を日本に誘致する「留学生30万人計画」が発表された。

　世界の留学生数が増加しランキングで欧米の大学と差が出始めた2009年には，「グローバル30計画」が発表され，大学の国際化整備事業が始まった。日本に優秀な留学生を誘致するために海外に拠点をもち，英語だけで学位がとれるプログラムを充実させ留学生のために専門のスタッフが生活や就職の支援の

できる拠点大学を13校選定した。このインフラ整備計画を土台として，2014年には具体的に世界トップ100入りをめざす「スーパーグローバルユニバーシティ（SGU）・プログラム」が発表され，厳しい選考を経て国公私の大学から37校が選定された。日本の危機的状況を打破するための政府の覚悟を示す，10年間の大型補助金プログラムである。ランキングの成績にみるように，日本の高等教育の改革は先進国と比べてひと回り遅れている。「ランキング・アレルギー」や「ランキング・コンプレックス」がなくなり，これから5－10年以内に成果が出ることを期待したい。

4．世界大学ランキングは目的ではなく手段

世界大学ランキングは，目的でなく手段である。ランキングは毎年行われ，上がるときもあれば下がるときもある。そのときの外部競争状態によって変わり，大学の教育，研究の質や国際性の指標も変化する。日本の大学力は潜在的には世界のトップクラスで，構造的に最下位層に属する英語力とはちがう。努力すれば上位校はトップ20やトップ100に10校以上入れる実力をもっている。タイムズの分野別ランキング（2014）では生命科学，物理，医学分野では東大は10－30位台で工学分野では3位である。言語上の能力である英語は文化的構造的問題もありそうはいかない。長年世界の最下位層にあり，2013年度の日本語受験者順位（ほとんどが日本人）[26]では115原語中105位でアジアでは31カ国中26位で最下層に属している。企業や大学でトップクラスの人も少なくないが，一般的にはこの10年間大きな変化はない。

こういう現実に対して，日本の関係者は皆不満と脅威をもっている。不満はランキングの正当性で，脅威はアジアの大学の台頭である。しかし，今やすでに世界標準になっているランキングを無視することはできない。EU主導のU－マルチランク（U－MULTIRANK）のように，独自に日本に有利なランキングを新たにつくるのは大変なことである。現状のランキングに対応して競争意識と大学の努力高めることによって変えたほうが早い。だたし，ランキングを目的と思ってはいけない。本来ランキングは決して恐れるものではなく利用す

[26] Test & Score Data Summary TOEFL iBT（2013／1－12）

るもので，改革，改善の手段の1つ指標値である。レファランスとして使うことによって大学の質の向上を図れる有効手段であると解釈すべきである。大学ランキングを利用することによって自分の大学の強いところも弱いところもわかり，競争力の弱い点や評価の低いところを改善することによって大学の研究・教育の質・国際的レベルを世界的な水準に上げられる。

　また，ランキングは外的な競合状況をよく理解でき，毎年上下するので大学の緊張感を高め，大学のトップマネジメントの経営目標管理手段としても使える。一般的に世界トップ校の上位100位の関係者に会うと，強い意思と情熱のかたまりの人が多く緊張感にあふれている。大学のキャンパスを歩いていても学生の顔からその雰囲気が伝わってくる。上位100校の地位は比較的固定しているが，100位以降は改革を行った大学が上位にランクされるチャンスが高い。大学のランクは簡単には上がらないので，本来，中長期の目標達成手段で毎年のランキング状況に一喜一憂することなく冷静かつ合理的に利用する覚悟が必要である。世界大学ランキング評価指標も各評価機関の間で異なり，また時代の要請によって変化するので，各ランキングの特徴をよく理解して対応することも大事である。長期的展望と戦略，寛容と努力の精神をもって1つずつ丁寧に改善することが大事である。

　世界大学ランキングに挑戦するメリットは何か。至上主義や競争のメリットが話されないように，大学ランキングのメリットはほとんど話されない。マスコミに登場するランキングに対する論文やコメントは，教授，元教授，ジャーナリストによるものが多く，ほとんどの大学で現状維持派のデメリットを列挙した批判が目立つ。元教授として気持ちは理解できるが，改革派も近年増加傾向にあり，世界の傾向と競争意識をもってランキングをみてほしい。

　ランキングのメリットをあげると，第一にランキング上位に入れば大学は確実に有名になり，優秀な教授や留学生も集まりやすくなる。また，昨日までの競争相手の態度も変わり，世界のリーダー大学「トップ100クラブ」（存在はしないが）に入れる。上位にランクインされれば話題になり，コストのかからない効率的な宣伝や広報ができる。また，地域，取引先，卒業生などのステーク

ホールダーの誇りにもなり，寄付金，雇用，地域活性化と彼らからの支援の増加で間接的な利益も大きい。第二に，大学管理者にとって大学ランキングは有効な経営管理ツールとなる。目標に向かって大学の意思をまとめられ，自己の大学の客観的な評価を知り分析することによって大学の国際化，教育・研究などの改革の判断材料になる。第三に大学同士がお互いの大学のレベルを知ることができ，学術交流協定校や共同研究校など共同プロジェクトが容易になる。第四に，ランキングで自校の国際的地位が向上することによって大学に働く教員，職員，卒業生の市場価値もあげることができ，教職員は内外でのキャリア機会が増え，卒業生は社会での認知度が高まる。ランキングの特徴を上手に使って手段として使えば大学の市場価値における好循環（ポジティブスパイラル）が始まるのである。世界大学ランキングは，目的に使うと失望も大きいし長続きしない。あくまで目的でなく手段として使えば非常に有効な経営ツールになるのである。

5．世界大学ランキング入りは学生のため

「大学は誰のものか？」。学長や執行部，教員や事務員のものでもない。大学は国や社会の向上のための資本財の1つである。人材を育成するもので，そこで学んでいる学生のものだ。範囲を広げれば，大学は学生をとりまく父兄，地域，取引先，企業，卒業生など大学利害関係者（ステークホルダー）全体のもので，大学関係者は絶えず質の向上をはかる義務，すなわちユニバーシティ・ガヴァナンス（大学統治）の責任がある。過去，この点が誤解されて，大学の教授会や事務局が強くなりすぎる傾向があった。いち早く大学統治を確立した米国の大学をみれば一目瞭然である。今から40年前に筆者自身も米国の大学院に留学していたが，大学は学生中心に動きはじめていた。

　教授が授業の質を高めるために毎回授業のあとで学生アンケートをとり，次の授業でその結果を報告していたことを思い出す。教授が教授室のドアをオープンにすることが原則化されていて驚いたことを覚えている。また，教授が時間を決めて学生の質問を受け付けて丁寧に受け答えをしていた。大学は地域の政府や企業の人材を積極的に教員に招聘し，地域や企業は研究資金援助やス

ポーツ支援で大学を盛り上げ，学生を積極的にインターンシップで採用し雇用機会を与えて地域貢献を促進していた。

米国の大学には，社会共同体の知的センターの中心となり地域や国の発展に貢献し，地域の企業，取引先，同窓生が大学を支援してお互いの努力で共同体全体の知的レベルと質を向上させる仕組みがあった。したがって，アメリカンフットボール，野球，バスケットなどスポーツ行事には地域全体で応援し，地元の大学の盛り上がりを誇りに思っている人が多かった。残念ながら，日本の大学にはそのような仕組みはない。そのような特徴を反映して，大学ランキング機構も地域や社会的な質と貢献度や学生の意見を問うための指標も入れはじめている。QS世界ランキングは企業への雇用率を入れ，世界のどの都市が留学生の学生生活に一番適しているかを問う「ベスト・スチューデント・シティ・ランキング」を発行している。タイムズ世界ランキングでは，イノベーションや知識移転を表す企業研究費獲得額があり研究の社会還元率が問われている。

2014年度から開始されたEU支援のランキング「U－マルチランク」は，アングロサクソンのランキング機関であるタイムズ，QSや社会主義国家主導的な中国の上海ランキングがいわゆる縦型のリーグ・テーブル（順位式）を用いているのに対して，欧州的横型のホリゾンタル・テーブル（同レベル大学比較）を主眼としている。評価項目としては指導と学習の質，研究実績，国際志向以外に知識の転換，地域貢献，学生反応など欧州的社会指標を入れ，知識の転換項目では企業連携による外部資金獲，大学ベンチャー，社会人教育コース提供など，地域貢献では地域起業，学生インターンシップ，地域共同研究などが問われている。また，学生に対するアンケートも具体的で学科の科目が指定され規定のアンケート用紙に学生自身が回答する。

今後ランキングの傾向として研究，教育の質や国際性だけでなく，新しい指標としてキャンパス環境度，奨学金制度，女性の社会進出度など新しい社会的指標が使われるようになる。特にITとSNSの発達でビッグデータを利用した大量分析が可能になり，新しい評価項目が生まれる可能性も出てくる。IBM

や人脈づくりサイトのリンクトインは，すでに実験を始めていると聞いている。

6．世界大学ランキングによる質の向上

世界大学ランキングに参加することで大学の質の向上が図れる。競争に鍛え抜かれ常に緊張感がある米国の大学がよい例で，世界大学ランキングでは米国の大学が圧倒的に多く上位を占めている。2015－16年度の各ランキングのトップ10をみると，タイムズ，QSはそれぞれ10校のうち7校，上海，U.S.ニューズランキングはそれぞれ8校である。米国の大学は大学としての伝統もあるが，常に激しい競争原理にさらされ質の向上に努めているからである。まさに「優秀な研究をしなければ研究者生命はない（Publish or Perish）」の世界なのである。筆者の友人で西海岸のトップ校で教えていた日本人教授が毎年夏休みに研究費を集めるために帰国して，日本の大企業に汗をかきながら回っていたことを思い出す。彼曰く，「大事なのは論文だけでない。米国の有名大学にとどまるためには一流ジャーナルへの論文掲載と一流企業や機関からの研究寄付金確保が最重要だ」と強調していた。こうして，大学教授は若いときから論文実績と研究資金確保で鍛えられる。企業も大学の研究成果をよくみていて，ランキング上位の優秀校で優秀論文を書くような教授を常にウォッチして共同研究や商品化の種を探している。

その米国も，最初から大学の質がよかったわけではない。1960－70年代には朝鮮戦争，ベトナム帰還兵およびその子弟の大量入学，戦後ベビーブーム世代などの大量入学などがあり大学数が急増した。1980年代から大学のユニバーサル化が始まり本格的なグローバル化時代を迎え大学は乱立し，一部の大学の卒業証書が乱発されるディプロマ・ミルズが起こり大学の質の低下に直面していた。また，私立，州立，リベラルアーツ，コミュニティカレッジなど多種な大学が乱立し大学数もいろいろあわせると4000校に達し，各州の大学にとって質の改善，管理が最大の課題となっていた。

米国は大学の質の管理体制を整えるために1965年に高等教育法（HEA）を発布して基本的な教育の質管理システムをつくり，高等教育では1997年に非政

府組織の全米高等教育機関基準認定協議会（CHEA）が設立された。連邦政府もイニシアティブをとり，学位認定（アクレデーション）基準を整備して大学間調整をすると同時に，共通評価基準を使って連邦機関助成金の配分を始めた。1983年には民間のメディア「U.S.ニューズ・アンド・ワールド」が発展する高等教育市場に注目し，「全米大学ランキング（The American College and University Rankings：ACUR）」を発表し外部からの質の管理を後押しした。現在でもACURは米国学生の貴重な大学選択基準となり，2年前から世界ランキング（BGUR）も発表している。

　欧州の大学も米国に続いた。欧州ではそれぞれの国の教育文化や制度のちがいもあり，かつては大学の教育の質管理と域内交流は各国の制度に基づき行われており複雑であった。1987年に単一欧州議定書が調印され，翌年欧州共同市場（EC）が開設されると，高等教育の共同市場化および標準化が始まった。1993年に欧州連合（EU）が成立してからは域内外の大学の交流が加速，強化され，同時に教育の質の確保，多様性を促進する域内外交流プログラムが次々と打ち出された。

　大学院の欧州域内留学のための「エラスムス計画」（1987）[27]，域外留学生を含む「エラスムス・ムンドス」（2004）が打ち出され活発な域内国際交流が始まり，今日まで累計参加者は300万人（1987－2013）を超えた。そして2014年からはさらに機能と範囲を拡大して，上記以外の訓練や研修，スポーツ，ボランティアプログラムも含み1カ国以上から複数の学位を取得できる年齢別統合交流プログラム「エラスムス・プラス」が発足した。1991年には質の向上のための世界的なネットワークとして，76カ国148正会員をもつ高等教育質保証ネットワーク（INQAAHE）が設立された。

　また，質の向上と並んで教育基準の標準化が実施された。大学の発祥地である欧州では，大学数は米国と同じく約4000校[28]あるといわれているが，教育

---

[27] エラスムス計画（The European Community Action Scheme for the Mobility of University Students）。1995年に単一市場形成をめざす議定書が承認され1987年に創設された。EUの競争力を向上させるために科学技術の人材養成を目的とした域内大学交流協定。

システムは米国のように単純でない。しかし，欧州委員会，ユネスコ，OECD が中心になり大学関係者や専門家が高等教育機関の共通政策を促進した。米国や日本を意識した競争政策がとられ，1988年の英独仏伊の教育大臣による「ソルボンヌ宣言」を皮切りに国際競争力強化と域内統一ルール確立が打ち出された。EU 成立をきっかけに1997年の「リスボン認証条約」で学位・資格の総合認証制度や証明書発行（ディプロマ・サプリメント）の実施を決めた。1999年には本格的なグローバル化と大学改革を目的とする「ボローニャ宣言」が打ち出され2010年までに欧州高等教育圏（EHEA）計画を実現し世界ナンバーワンの高等教育をめざした事業計画「ボローニャ・プロセス」を発表した。

ボローニャ・プロセスは EU と各国政府が高等教育の改革と共通化を推進する事業プロセスで，具体的には学部・大学院の二元学位システムの採用，教育の質の保証，単位互換制度（ECTS）の実現，学生・教員の流動性の保障，共同学位プログラム充実などを承認し，欧州を「知のセンター化」「欧州高等教育の一体化」をめざした。2005年には欧州高等教育質保証協会（ENQA）が設立され高等教育機関を連携させミッションステートメント（目的の誓約），内部および外部性保証，アカウンタビリティ（説明責任）などのガイドラインが出され高等教育機関が数年ごとの質評価を受けることを義務づけた。

EU は，かねてから世界大学ランキングを EU の高等教育における有効な手段として認め既存の域内ランキング機関を積極的に利用していたが，他方で，英米大学が偏重され EU の大学の評価が低いことに不満をもっていた。そこで，まず EU が補助金を出してドイツ，フランス，オランダなどの研究機関やランキング機関を使って欧州独自のランキングを検討した。2004年のユネスコ主催の高等教育会議で NPO 団体である「国際ランキング専門家グループ（IREG）」[29]が結成され，ランキング機関が公立あるいは独立したアクレデーション機関の「補完的役割」を担うことが確認された。

28）EU のホームページによると，欧州には4000校，EU 圏内は3300校。世界大学ランキング機構の1つで最も数多くランクしている「ウェボメトリクス（スペイン）」では3263校（2015）となっている。

2006年にユネスコ・ヨーロッパ高等教育センター（UNESCO・CEPE－ブカレスト），高等教育政策研究所（IHEP－ワシントン DC），主要ランキング機関や学術専門家がベルリンに集まり大学国際ランキングの有効利用や課題について討議され「高等教育機関のランキングに関するベルリン原則」を発表した。2009年に専門家グループは IREG OBSERVATORY に名称変更しその役割も組織も公式化，格上げされた。そして，これらの動きと連動して2014年についに EU 独自のランキングとして欧州大学ランキング「U－マルチランク（U－MULTIRANK）」を設立，発表した。またアジア太平洋には，2003年にアジア太平洋地域40カ国以上によって大学の質的維持，向上をめざすアジア太平洋質保証ネットワーク（APQN）が設立された。

　日本における教育の内部保証はもともと設置基準や設置許可審査による事前規制が伝統であったが，1991年にできた内部保証システム[30]が質の向上を一歩前進させた。しかし，日本の本格的な高等教育機関の質保証は，2006年施行の学校教育法改正から始まった。大学設置基準や設置基準審査を緩和して一部届出制とし，従来の事前規制と事後確認制の併用として使いやすくした。基本は大学自身が内部質保証を実施し7年ごとに第三者機関（大学評価・学位授与機構）による認証評価，社会への情報公開を取り入れ効率的，効果的にした。しかし，日本にはいまだに日本発で世界の大学を評価するような本格的な外部機関による公式なランキングはない。また，タイムズや QS などの外部の世界大学評価システムを積極的に導入・活用する風土も育たなかった。そのため日

29）IREG OBSERVATORY は，大学ランキングの重要性と高等機関の学術優秀性を一般に知らせるために，2002年に UNESCO－CEPES，米国高等教育政策研究所（IHEP），ランキング専門家グループのイニシアティブで NPO として設立された。当初は国際ランキング専門家グループ（IREG）という名称であったが，2009年に IREG OBSERVATORY と名称変更し，本部はブラッセル，事務局はワルシャワにおいた。定期的に関係各地で国際会議を開催し，2006年の IREG 2 会議では国際ランキングの原則を決め2014年年には中国上海）で IREG 7 が開催された。会長は元 UNESCO 局長のジャン・サドラック氏。

30）「高等教育機関が，自らの責任で自学の諸活動について改革・改善につとめ，これによってその質を自ら保証すること」（大学評価・学位授与機構『高等教育に関する質保証用語集 第3版』）

本の大学の国際的質保証や通用性への関心度も低く，世界的な大学（WCU）が少ない要因となっている。

　ランキングの目的は大学の質の向上であり，日本の大学はグローバル化で国際的な質の向上をはかることが急務であるにもかかわらず遅れをとっている。これには日本の教育文化や歴史的発展に原因がある。もともと明治維新以後，明治政府の留学帰りの官僚や福沢諭吉のような私的教育者によってそれまでの外国語教育の日本化，日本語化が行われ，お雇外国人の弟子や日本人留学者が加わって教育や研究の基盤がつくられた。また，それなりの教育，研究成果も出したが西洋知識追従型で創発的な国際大学はなかった。歴史的に見るとグローバル系大学としては，国立語学系大学では東京外語大学（1897），宗教系ではカトリックイエズス会系の上智大学（1913），米国・プロテスタント長老派系の国際基督経大学（ICU；1953），国際系大学院大学では財界主導で新潟県魚沼に設立された国際大学（IUJ，1983）がある。その後も，2000年ごろから「グローバル化，ユニバーサル化，市場化」[31]の急速な進行で，大分県が財界人と京都立命館大学とつくった立命館アジア太平洋大学（APU；2000），秋田県が旧米国系大学の施設を使ってつくった国際教養大学（2004）など国際教育専門の単科大学はあるが，全体的には少ない。さらに，総合大学での本格的グローバルカリキュラムの導入は遅い。大規模な総合大学では2000年代初めに早稲田大学の国際教養学部（2004），法政大学 GIS 学部（2005）などが英語で授業し学位がとれる学部を始めたが，本格的な国際校や学部が10以下でまだまだ今後の増加が待たれる状態である。

　繰り返しいうが，政府の政策，大学の改革とともに世界ランキングを利用し，日本だけでなく世界の大学のよいところを参考にして大学の質の向上を図ることは急務である。今までは国内の大学のベンチマーキングで済んだが，世界的な競争社会ではもはや通用せず国際的な大学のベンチマーキングが必要な時代に突入したのである。

31）天野郁夫（東京大学名誉教授）「グローバル化と日本の大学改革―国際競争力強化への課題」ジャパン・コム（http://www.nippon.com）

7．世界大学ランキングによるグローバル人材育成

　ランキングを使ってのグローバル人材育成が必要である。欧米社会では大学の優秀な人材の流動性は高く大学間の人材交流も活発である。それが大学間の活性化とグローバル化に役立っている。学生だけでなく教授や事務系の国際教育者の交流，リクルートの場所としての国際会議も多い。ランキング活動を通じて世界のトップや同僚と交流でき大学と個人の能力を高めることができることはあまり知られていない。外国では，教員，事務，学生間の交流機関や会議は多い。教員の国際交流会議は，一般的に学会以外では米国のNAFSA，欧州のEAIA，アジア・パシフィックのQS-APPLEが三大会議と呼ばれている。これらは，それぞれの地域で最大規模で開催され，参加者もそれぞれ1万人，5000人，1000人と多く，世界の多くの大学と交流でき，セミナーで各大学のアドミッション，カリキュラム，ディプロマにいたるまでのあらゆる問題を知ることができる。最近では成長市場の中近東・アフリカでの国際教育者会議が盛んになっている。これらの会合では，研究発表だけでなく参加者間の情報交換やリクルートが盛んに行われている。また，最近ではネットを通じたリクルートもあり大学間の引き抜きは激化している。研究資金の8割を外部資金に頼るといわれる米国は大学間競争が熾烈で，学長や教授がどれだけ政府，地域，企業，個人，外国から運営資金を集められるかが鍵となっている。

　優秀な学長や教授の国境を越えたアカデミック・リクルートも行われている。かつては米国の東西間の大学（横型）で起こっていたが，現在は南北間（タテ型）あるいは同じ州内（円型）で起きている。たとえば，かつてはハーバード大学からスタンフォード大学，カルフォルニア大学（バークレー），南カルフォルニア大学（USC）など東部の名門校から西部名門校に，ハーバード大学，シカゴ大学からテキサス大学，バージニア大学，アリゾナ大学など多くの有名大学教授が引き抜かれた。最近では同じ地域，州や国境を越えて起こっている。

　たとえば，最近カルフォルニア州内で名門校UCLAから同じ名門校のUSCへある学部の多くの教授が引き抜かれたが，このような流動的システムによっ

て大学の教育や研究の質を向上させ政府や企業から資金と優秀な学生を内外から集めているのである。学長も大学運営のために国境を越えてスカウトする。例をあげると，世界で3番目に古い大学である英国のオックスフォード大学でさえも学内改革と国際化を進めるために900年の禁を破り海外の優秀な学長をリクルートすることを始めた。2004年に第1号であるオークランド大学（ニュージーランド）のジョン・フッド，2009年10月にリクルートされた後継者元米国イエール大学学長のアンドリュー・D・ハミルトンと2代続いた。

　当然，外国間同士でリクルートが行われる場合もあるが，最近では優秀な教授や学生を誘致するために思い切って自国に有名大学キャンパスを誘致する国も現れた。何年か前にドバイで行われたQS主催の初回「中近東・アフリカ国際教育者会議（QS－MAPLE）」に運営委員として出席したが，そのとき政府関係者が案内してくれた海外有名校のキャンパスは砂漠のなかにあった。ドバイの郊外の砂漠のなかから忽然と近代的で巨大な大学コンプレックスが出現したときには驚いた。いくつかの有名大学の看板が掛かりデパートのようだった。欧米の有名大学を招聘して巨大な国際大学都市をつくり国内だけでなく近隣からの留学生を集めるという従来とまったくちがうモデルであり，新しい国際教育発想である。また，これらの国々では政府が政策的にも財政的にも積極的に大学を支援している。アジアではシンガポールや香港の大学が成功例で，大学が政府の支援のもとに海外から有能な学長，学者，学生を高い給料，研究費や奨学金で招聘して教育，研究，国際性の実績をあげている。日本では絶対にありえない話であるが，国際会議でその実績を誇らしげに話している学長の話を何度も聞いて教育文化のちがいを感じた。

　大学は伝統も大事だが，成果が問われる。短期的成果か長期的成果かの議論もあるが両方である。両成果を上げることにより大学のランキングも高くなり，ランキングが高くなれば大学の名声も上がる。ノーベル賞クラスの教授のリクルートを可能にし，学長や教授職だけでなく全世界から優秀な事務員や学生も獲得できる。大学同士の学生交換協定や共同研究をする場合でも同じレベル以上の大学を選べ，上位校同志のベンチマーキングができる。このように，

大学が世界を意識し，世界の仲間と交流し，同じ方向に一致団結して努力することでグローバルな人材が育成されるのである。

第2部
世界大学ランキング評価機関とその活動

　世界大学ランキングはどのような背景で生まれ，どのような活動をして，どのようは評価システムを使っているのか？　しっかりした戦略と基礎的知識をもっていないと国際競争に勝てない。大学ランキング文化の根付いていない日本では，特にランキングのメリット，ランキングの生まれてきた背景，その役割などを十分理解することが重要である。世界大学ランキングはあるときに急に出てきたものではなく，世界の高等教育の進化や需要と効用の法則に基づいて出てきたものである。ちょうど革命的な技術革新を起こした英国の産業革命，民主主義と人道主義をリードしたフランス革命，ネットワーク革命を起こした米国のIT革命などがよい例で，長い助走期間を経てそれぞれの国に教育革命が起こったのである。

　世界の政治，経済活動を理解するために政治にはジオポリティクス，経済にはジオエコノミクスを理解しなければならないように，教育では地政学的見地から「ジオエデュケーション（Geo-Education）」を理解して教育革命につなげなければいけない。この教育革命が怖いのは，デジタル革命と同じように条件がそろうと，あるとき急に内部市場と外部市場が一致して突然爆発的革命が起こりその波に乗らないと取り残される傾向があるからだ。21世紀の今がその時期で，気がついたらアジアで日本が出遅れたということにならないよう世界にアンテナを張って世界情勢をみて必要な行動を起こさなければならない。以下，大学国際ランキングの歴史をみながらランキングの意義と必然性を考えてみたい。

 第1章　世界大学ランキング機関の特徴

　米国で世界最初の大学ランキング「ゴーマン・レポート」が発表されてから

半世紀たった。その後のグローバル化に伴う留学生や研究者の流動化で,世界大学ランキング機関は増加し現在15機関ぐらい存在する。中近東・アフリカ,ロシアなど世界大学ランキング入りを新たな国家戦略にした国々を中心に新しいランキングが現在も誕生している。最近,タイムズ社の主催する「アカデミック・サミット」に参加したが,ロシアの研究所が新たなランキングを出しはじめたことに驚いた。ランキングは政府,大学,企業,第三者機関などで発行され,そのランキング方法もリーグテーブルによる序列式,学生が大学比較などができるマルチ式,特定地域,分野,科目などを序列するスペシャリスト式などある。評価項目も大体において教育,研究,国際性の3項目が主体であるが同じ分野の研究者によるアンケート調査,エルゼビア,トムソン・ロイターのような学術データ会社の論文数や引用の検索,政府,企業など外部からの研究補助額などの項目がある。

　ランキング業界ではタイムズランキング,QSランキングを二大ランキングとし,上海ランキングを入れて世界三大大学ランキングとも呼んでいる。通常,メディア,大学関係者や学生はタイムズとQSの二大ランキングを多用する。なぜなら,大学関係者や留学生にとってタイムズとQSが最も影響力があり,信頼性が高く,使いやすいからである。上海ランキングは新興国の国家戦略から生まれたため,評価指標にノーベル賞やフィールズ賞獲得数などレベルの高い研究成果を使っているので,大学や研究者にはよいが学生には使いづらい。また,出自からみてもタイムズとQSは英国の民間から生まれ,上海は中国政府の教育政策から生まれたというちがいがある。それぞれの特徴を理解したうえで使うべきである(p.81も参照されたい)。

1．THE世界大学ランキング(タイムズランキング)

　上海ランキングは2003年に発表されたが,政府主導のランキングであったので規模は小さく,インパクトは限られていた。しかし,その翌年の2004年にタイムズとQSが共同で発表した「タイムズ・QS世界大学ランキング(THE－QS World University Rankings)」は,大規模でインパクトがあった。同じ英国の大手新聞社と教育事業会社が,留学生が急増しはじめた時期に合わせてタイ

ミングよく始めたので，世界の教育界に衝撃を与えた。質の高い高等教育情報の提供で実績がある英国主要紙『タイムズ（The Times）』の高等教育冊子「タイムズ・ハイヤー・エデュケーション（Times Higher Education : THE）」と世界的なMBAリクルートや教育コンサルティングで国際的定評のあった国際教育事業会社QS（クアクアレリ・シモンズ）の高等教育事業拡大という双方の思惑が一致した結果であった。

タイムズとQSの共同ランキングは，2004～2009年まで6年間続き，需要が増すにつれて順調に発展したが，評価方法理念と経営方針のちがいで2009年に発展的解消をした。そして，2010年からはそれぞれ別々に国際大学ランキングを発行しはじめた。タイムズは編集長にフィル・バティを任命しデータベース会社のトムソン・ロイターと提携して2010年9月に最初の独自の「タイムズ世界大学ランキング（THE World University Rankings）」を発表した。QSは社長のクアクアレリのもとでQSインテリジェント・ユニット（QSIU）責任者のベン・ソーターが中心となり独自の「QS世界大学ランキング（QS World University Rankings）」を発表した。

THEは，英国保守系高級紙『タイムズ』が1910年から無料で付録として発行した高等教育情報付録冊子THES（Times Higher Education Supplement）が原型となっている。1914年にタイムズから独立し，1971年にタイムズ・ハイヤー・エデュケーション社（THE）という独立子会社となった。この会社がタイムズと提携してウィークリー・マガジンタイプのフォーマットで英国の高等教育情報を提供した。高等教育業界が思ったように成長せず一時経営不安定となったために，1979年にオーストラリアメディア王のマードックのニューズコーポレーションなどの傘下に入り買収の対象となったが，2013年7月に米国テキサスベースの投資会社TPGキャピタル[32]に買収された。

現在は，その傘下の世界的なメディア教育サービス会社TESグローバル[33]

---

32) TPG Capitalは，1992年に設立され運用資金590億ドルをもつ米国のファンドで世界中にネットワークをもつ。ソニーとともに米国映画会社MGMを共同買収した。

のグループとなり経営も安定した。TES グローバルは世界197カ国に640万の教員ユーザーをもつ世界最大の教育ネットワークで，毎年発表される THE の世界大学ランキングもそのうちの重要な事業となった。情報提供，リクルートから教育者交流，ランキングまでをカバーし，親会社は世界で有数の資金を運用しているので今後のさらなる発展が期待される。TES グローバルの CEO だったルイーズ・ロジャー女史は，元優秀ジャーナリストでマルチメディアのエクスパートであり現 CEO（2015年3月）のロブ・グリショウもフィナンシャル・タイムズデジタル部門出身のジャーナリストである。

THE で高等教育に関する情報発信，イベントと世界大学ランキングを担当している THE 副編集長兼タイムズランキング編集長のフィル・バティは，高等教育界約20年のベテランで同時に国際的教育ジャーナリストでもある。THE は，タイムズランキングで2009年以降データベース会社としてトムソン・ロイター社と提携していたが，2014年からデータ収集・調査をインハウスに切り替え，データベースは QS と同じくオランダのエルゼビア「スコーパス」を使用することに方針を変えた。社内分析グループを充実させ外部依存を絞り，非英語圏の論文サイテーション検索や分析に強いデータ会社を選択した結果でもあるが，THE の事業拡大政策の一環でもあり競争相手の格付け機関（QS，U－マルチランクなど）にあわせた結果と思われる。

THE は，短期間に事業を拡大し，現在では全世界総合ランキング以外にアジア，BRICS，ラテンアメリカ，中近東，アフリカ，大学評判，創立50年未満新興大学などのランキングを手がけ，これらをイベント化して年間8回のタイムズ・サミットを主催，QS と同じように有名大学と提携して10月の世界ランキング発表と同時に世界学術サミット（The World Academic Summit）を開催している。2015年2月にはカタール国立大学（ドーハ）と提携して，最初の中近東・アフリカ国際教育者サミット（MENA Summit）を開催し，地域の大

---

33) TES Global は，1910年に設立された TES が母体の世界最大のオンライン教育サービス会社。英国・ロンドンに本社，米国・ワシントン DC とオーストラリア・シドニーに支社をもつ。現在のオーナーは，2013年7月に買収した世界的教育会社 TG Capital。

学の教育と研究の促進をはかるとともに地域ランキングの準備を始めた。

　編集長のバティは，THE の副編集長として数々の賞を受賞する国際的に著名な高等教育ジャーナリストで，最近では2012年にオーストラリアの新聞で「世界の高等教育トップ15人」の一人として紹介されている。そのほか，メディアへの寄稿，OECD，世界銀行，ユネスコなどの国際機関での講演などもされ NAFSA，EAIA などの国際教育者会議やランキングに関する講演会，セミナー，コンファレンスで活躍している。最近ではロンドン UCL で開催された国際ランキング・エクスパートグループ（IREG）の会議やタイムズのアカデミック・サミットでお会いしたが，非常にエネルギッシュで行動的なジャーナリストである。バティは，2009年の国際会議でランキングの必要性の理由として４つの教育ジオポリティクス変化，①400万人の留学生の存在，②200校以上の世界サテライトキャンパスの存在，③英国の大学の２割の教授は外国人，④ランキング上位200校の論文は国際論文，⑤一流研究は本来国際的などをあげて，大学の国際的改革の必要性を述べた。

　タイムズランキングは，出自が社会的信用がある有名新聞社であるため，ランキングのなかで「一番バランスがあり信頼性が高く最も利用されているランキング」との定評がある。しかし，最近親会社の影響があり，ランキングを利用したイベントが多く QS と同じようにビジネス的になっているのが気にかかる。しかし，タイムズランキングは，組織的にも充実して「より深い内容とより深い分析」を心がけているのはよい傾向である。ランキング2015－16年のタイムズランキングでは，より多くの非英語論文を検索し分析ツールのあるエルゼビア「スコーパス」にデータ会社を変更し，インハウスの分析チームの増強で分析力を高めてランキング発表校数も400校から800校に拡大した。

　しかし，基本評価方式は変わっていない。評価は５カテゴリー，13項目で判断され大学の研究力とそのインパクトで評価項目全体の60％を占めている。具体的には，①教育の質30％（研究者による評価，対学生教員比率，対学生博士号授与数，教員博士号取得率，対教員外部収入），②被論文引用率30％（有名学術ジャーナル誌），③研究の質30％（研究者評価，対教員研究収入，対教員

論分数），④国際性7.5％（外国人教員比率，外国人留学比率，国際共同研究比率），⑤企業収入2.5％（対教員産学提携収入）である。

2．QS世界大学ランキング（QSランキング）

QSは，1990年に若い起業家ヌンチオ・クアクアレリが創設した教育事業会社である。QSという会社名は，彼と共同経営者の名前の頭文字を付けて名づけた。クアクアレリは，英国の名門大学ケンブリッジ大学を卒業後米国の名門ビジネススクール，ペンシルバニア大学ウォートンスクールで経営修士号（MBA）を取得した。父がイタリア人，母がスコットランド人の多文化家族に育ったこともあり留学生の多いウォートン留学中にMBAビジネスを思いついた。MBA斡旋事業で成功したあと，世界の大学への留学，留学生一般への留学案内・斡旋，キャリアカウンセリング，大学の国際競争力コンサルティング事業を発展させた。QS本社はロンドンにあり，支社をフランス，ドイツ，スペイン，オーストラリア，中国，南アフリカなどにおき，総従業員は約250名いる。アジアではシンガポールにQS最大の地域本社をもち，日本，中国，韓国のアジア地域をはじめ，活動範囲を中近東・アフリカまで広げている。各地域の提携先のエージェントを通じてMBAリクルート，ランキングセミナーなど活発な活動をしている。

QSは，2004年にタイムズ（THE）と組んで世界大学ランキングを始めランキング事業を発展させたが，その後の事業の急拡大とランキングに対する理念の相違で，2009年にタイムズとの提携を発展的に解消した。現在QSのランキングでは，調査対象国50カ国，対象大学2200校，対象企業１万2000社，研究者・企業調査回収数９万の規模に発展させた。社長のクアクアレリは筆者も国際会議でよくお会いするが，創業者にありがちのギラギラしたビジネスマンではなく，もの静かなインテリジェント，戦略的な英国型ビジネスマンの感じを受けた。QSは，創業時から留学生を相手にコンサルティング業務をしてきたので，「学生に一番使われているランキング情報」をキャッチコピーで強調している。

大学ランキングでは，調査機関はオランダのエルゼビア社と提携している。

大学総合ランキング以外にアジア，BRICS，ラテンアメリカなど地域別大学ランキング，ファカルティ，サブジェクト別，留学生人気都市ランキングなど多彩なランキングを発表している。QSは教育事業会社として先駆者であり，従来のMBAリクルート以外に競争力向上コンサルティング（QS-STARS），優秀留学生に対する奨学金授与，クリエイティブ事業などを手がけ，教育イベントとして国際教育関係者（政府，機関，教員，国際事務など）を対象にしたアジア・パシフィック世界教育者会議（QS-APPLE），中近東・アフリカ世界教育者会議（QS-MAPLE），世界学長会議（QS World Class）」などのコンファレンスも開催している。

　QS-APPLEは，2004年にアジアQSのディレクター（現アジア支社CEO）であるマンディ・モック女史のイニシアティブで開催されたアジア・パシフィックの国際教育者リーダー会議であるが，その後順調に発展し現在では米国のNAFSA，欧州のEAIAに並ぶ国際教育者会議となった。毎年，アジア各国の政府やその国の著名大学と提携し，その地域の政府や教育機関の代表者の講演とテーマ別セミナーでの研究発表，ランキングなどを扱い，毎年50カ国以上から1000人程度の参加者を集めている。タイムズ・サミットは世界の教育界有名人の講演会式のフォーマットであるが，QSはプラス展示者のブースを設け，研究者の発表セミナー，教育広告クリエイティブ賞などを設けている。筆者は，QS-APPLEでは2005年から日本を代表したアカデミック運営委員を6年間務め，7つのテーマ別セミナーの1テーマのチェアを担当していた。

　QSには，2人の業界の実力者がいる。前出のモック女史とQSロンドン本社のQS調査部門－QSインテリジェンス・ユニット（QSIU）の責任者ベン・ソーターである。モック女史は，2002年からQSアジア（シンガポール）の責任者で2015年からQSアジアのCEOとなった。本社と提携してアジア・パシフィック地域のQS-APPLE，中近東・アフリカ地域のQS-MAPLEを立ち上げアジアの高等協業界の政府，業界，教育者間の交流を促進している。一年中担当地域の政界，財界，大学界のトップマネジメントと交流し緊密な関係を保つ実力派の女史である。いっぽう，ロンドン本社には2008年からQS調査部

門-QSインテリジェンス・ユニット（QSIU）の責任者で最近ランキングの実績が認められ2015年にQSのディレクター（取締役）になったソーターがいる。ソーターは英国のノッティンガム大学でコンピュータ・サイエンスを修めた理論家で，国際ランキング業界をリードする知性派である。2004年からのタイムズと共同で始めた世界大学ランキングの立役者の一人で本格的な大学情報収集，データ分析，研究調査などを担当し，2009年にタイムズとの別離後はQS単独のランキングを充実させ世界ランキング認証NPO機関であるIREGから最初の優秀機関認定を受けた。QSIUでは現在約20人のチームを指揮して各種ランキングの発表，イベント，調査，講演，コンサルティングなど精力的な活動を行っている。スローガンは「Trusted, Independent, Global」で，講演会では「ランキングをうまく使うことで大学のブランドは向上する」とランキングの啓蒙活動を続けている。

　QSランキンの評価項目は，①学術評価（40％，研究者アンケート），②雇用評価（10％，雇用者アンケート），③論文被引用率（20％，有名ジャーナル），④学生対教員比率（20％），⑤外国人比率（10％，教員，留学生各5％づつ）と研究，教育，国際性を大項目評価として客観的評価と主観的評価をいれ簡単でわかりやすくしている。QSランキングの特徴[34]は，①簡単でわかりやすく連続性のあるランキング，②安定した結果，③科目独立性（特定科目に偏らない），④言語独立性（英語だけに偏らない），⑤第三者資料の尊重などといわれている。

3．ARWU世界大学学術ランキング（上海ランキング）

　ちょうどタイムズ＝QS（THE＝QS）共同ランキングが発表される1年前，2003年に中国で世界大学界学術ランキングが発表された。英語名はARWU（Academic Ranking of World Universities）で，通称上海ランキングと呼ぶ。発表機関は上海交通大学で，当時発展途上国の中国が発表したことは世界の高等教育関係者に衝撃を与えた。上海ランキングは，タイムズやQSの動機とは

34）2015年3月にオーストラリアUNSW大学で行われた「インタナショナル・フォラム」での発表資料。

ちがい新興国の中国が国家経済を発展させる人材育成の国家プロジェクトとして発足した。当時国家主席であった江沢民が，鄧小平の経済の改革開放政策をさらに促進する高度人材確保のために高等教育改革を進め，中国の文科省である教育部が江沢民の命を受け彼の母校・上海交通大学（Shanghai Jiao Tong University）に委託した国家プロジェクトである。

　タイムズ＝QS のランキングは，民間の教育事業機関が公共的な立場に立ち研究調査機関，有識者や雇用主アンケートや大学の自主的な提出書類の調査による主観的評価と研究調査機関の客観的データをミックスした評価を特徴としているが，上海ランキングは国家戦略的な立場から評価項目では研究成果が重視して指標に客観的で公的な資料を使った。世界的な研究功績に授与されるノーベル賞やフィールズ賞などの獲得数，『ネイチャー』など世界的な一流ジャーナルに掲載される論文掲載数，世界的な研究機関トムソン・ロイターなどによる研究評価による客観的な学術調査に重点をおいている。

　上海ランキングは，戦後の日本と同じく「先進国に追いつき追い越せ」という国家戦略から生まれた。歴史的にみると，中国の高等教育は3期に分かれる。

　第1期は，20世紀初頭まで続いた科挙制度を脱皮し日米欧の新しい高等教育制度「新学」を導入した時代で，第2期は，1949年の共産党政権が新中国建国以降採用した社会主義体制発展のためのソ連式高等教育システムや1966年からの文化大革命による失敗克服の歴史である。1979年の主席・鄧小平による新社会主義政策「改革開放経済」で西洋・日本型の資本主義政策と高等教育改革へ転換し，経済発展とともに増加する人材需要にあわせ大学数を増加して大学進学率を高めた時代である。

　第3期は，1992年に江沢民が鄧小平の「社会主義市場経済」を強化し大学間の再編成，管理体制の充実，大学の国際化，世界標準化を進めグローバルな視点から高等教育改革が進められた時代である。世界の有名，実力のある大学をベンチマークするためにそれらの大学を選定，研究，分析しランキングをつけ大学ランキング上位校を増やすことに努力した。その努力の結果が2015年に成

就した。タイムズランキングが 6 月に発表され，「アジア大学ランキング2015（中近東含む）」では上位100校に中国の大学が21校ランクインしたのに対して日本の大学は19校で，2003年の開始以来初めて中国に大学数で抜かれた。3 位は韓国で，13校であった。次いで，同年10月に発表されたタイムズランキング「世界大学ランキング2015－2016」では，北京大（42位）が初めて東大（43位）を抜くという実績を上げた。

中国は，毛沢東の文化大革命のために経済の低迷と高度人材不足に悩んだ。大学改革は，改革派の鄧小平のグローバル・ビジョンと決断力によるところが大きい。鄧小平のグローバル・ビジョンは，若いとき中国に共産革命を起こそうと先輩のフランス，ロシアなどへの外国留学・勤労経験で培われた。同時に実践的な鄧小平は，西洋や日本の発展をみて，早くから計画経済に基づくソ連式の高等教育制度に限界を感じ，1979年に欧米や日本の経済発展や人材資源育成の現実をつぶさにみて回った。世界から取り残される危機感から「改革開放」「社会主義市場経済」政策へと方向転換をした。そのときに，経済発展の原動力である科学技術の発展，高等教育の再建および高度人材育成に力を注ぎ大学入試制度復活など改革を進めた。

鄧小平を継いだ実践的な江沢民（国家主席1993－2003在任）は，高等教育改革を本格的に促進した。1993年に開始された「中国教育改革と発展要綱」では21世紀型の先進大学・学科を100校つくるという「211プロジェクト」，1998年には「21世紀に向けた教育新興行動計画」で近代化のための世界標準の一流大学をつくるという「985プロジェクト」を発表し国家予算をこれらの大学に重点的に投資した。211プロジェクト名は21世紀型先進大学を今後10年で100校つくるという意思をこめて211プロジェクトとし，985プロジェクト名は1998年 5 月に行われた江沢民総書記（当時）の北京大学創立100周年での講義日に由来し第 1 期34校，第 2 期 4 校を認定した。

さらに江沢民は，1998年に「21世紀に向けた教育環境行動計画」，2003年に「中華人民共和国教育促進法」を打ち上げ，限定的であったがそれまでの高等教育の規則を緩和して大学管理体制や制度の改革や修正，大学の市場化（民営

化)による私立大学の地位の認定なども進めた。1990年代の高等教育改革で後半から中国の大学環境は大幅に拡充し,2000年ごろは全国で1000校ほどであった大学数[35]が2008年には日本の2倍,米国の2分の1の2263校となった。高等教育のユニバーサル化とグローバル化が同時に進んだ中国の高等教育は中央政府と地方政府の努力で量的にも質的にも飛躍的な発展をとげ前述のように世界の大学ランキングの上位を占めるようになった。

中国は,高等教育の質的改革も進めている。独立大学法人大学評価・学位授与機構の報告書「中国高騰教育品質保証院フォーメーション・パケッジ2013」によると,2011年各種高等教育規模は3167万人に達して世界第1位となり,2002年に15%であった就学率も26.7%に増加した。改革開放政策(1993),香港返還(1997),WTO(2001)加入と中国の国際化を推進してきた江沢民は高等教育でも実績を残し,「中国大学ランキングの父」といわれるほどの実績を残した。将来の世界一を狙い自身の母校である上海交通大学の高等教育研究院(IHE)を中国政府の高等教育戦略研究所(CWCU)と認定して,世界の優秀大学と中国のトップスクールとの比較研究をさせた。その一環として2003年に生まれたのが「上海ランキング」である。上海ランキングは当初,上海交通大学の教育大学院(元高等教育院)傘下のワールドクラス大学ランキングセンター(CWCU)によって発表させたが,2009年からは教育大学院から独立した機構である「上海ランキング・コンサルタンシー(ShanghaiRanking Consultancy)」が世界の1200大学を審査し,500大学を毎年ランキングしてホームページに載せている。

CWCU研究所所長の劉念才(Nian Cai Liu)は,上海交通大学教育学部学部長(教授)で国際派の研究者である。早い段階から欧州のユネスコや高等教育機関と連携して国際調査レポートを発表し世界的活躍をしていた。CWCUの研究アドバイザーには欧米の大学,国際機関などの世界の教育界の権威を取り込み中国の研究体制を世界的な地位に育てあげた。上海ランキングは当初,中

---

[35]「中国高等教育の基本状況」国立研究開発法人科学技術振興機構(http://www.jst.go.jp)

国の大学強化と近代化のために欧米日の大学に対する一種の「キャッチアップ」モデルとして発展したが，現在では世界の三大ランキングの一角を形成している。上海ランキングの発表文には，「世界大学ランキングの先駆者で最も信頼できるランキングである」[36]と述べている。しかし，上海ランキングは，その名のとおり学術志向のランキングで大学や学生など大衆を対象とする高等教育エスタブリッシュメントの英国発タイムズ，QS の大学世界ランキングとは性質がちがう。CWCU の実際の実務は，エグゼクティブ・ディレクター（博士）の程瑩（Cheng Ying）が担当している。上述の二人には国際教育者会議やランキングセミナーなどで会うが，劉念才はランキング監査 NPO，国際ランキング・オブザバトリー（IREG）の副会長でもある。ランキング以外のグローバルベースの高等教育活動にも熱心で，2005年からは上海ランキング主催で2年に一度「ワールドクラス・ユニバーシティズ・コンファレンス（WUC）」を開催し，世界の高等教育の研究，データ収集，研究発表，研究者交流を通じて「世界的な優秀大学とは何か」の研究を進めている。

　近年中国は，高等教育の質の向上や改革に取り組み，2007年には「高等教育機関本科教育の質および教育改革プロジェクト」，2010年には長期ビジョン「国家中長期教育改革（2010－20）」を打ち上げ，教育大国から教育強国をめざしている。

　上海ランキング ARWU の評価項目は，教育の質10％（ノーベル賞，フィールズ賞の受賞卒業生数－10％），教員の質40％（受賞教員数－20％，21分野被引用研究者数－20％），研究成果40％（ネーチャー，サイエンス誌掲載論分数－20％，自然・社会科学被論文引用数－20％），大学実績（教員当たりの指標獲得数－10％）で構成されている。彼らが一流の客観項目に基づく学術性にこだわったのは，中国が当時高等教育政策の遅れをとり戻すべく，先進国である欧州・米国・日本などの高等教育モデルを研究して自国モデルをつくり，一国も早く中国の経済的発展を達成するためであった。したがって，上海ランキン

---

[36] 発表文の英文は「the precursor of global university rankings and the most trustworthy one」。

グは国家プロジェクトの副産物で，研究志向的なランキングといえる。現在，アジアでは日本がノーベル賞数で圧倒的に中国をリードしているが，評価項目にノーベル賞が入っていることからもわかるように，近い将来中国が日本を追い上げてくるのは確実である。

4．ベスト・グローバル・ユニバーシティ・ランキング
　　（U.S. ニューズ・ランキング）

　厳密にいうと，世界大学ランキングの元祖は米国である。昨年，全米ランキングで有名な U.S. ニューズが本格的な国際版の大学ランキングを発表して話題となったが，米国での最初の世界大学ランキングは1967年に発表された『ゴーマン・レポート（The Gourman Report）』で，世界大学ランキングの先駆者といわれている。このランキングについては後述するが，カリフォルニアの大学教授が研究の一環として出版した初めての世界大学ランキングであり，当時として画期的なことであった。しかし，統計方法や透明性などに問題があり，第10版が出されたあと1999年に終了してしまった。35年後の2006年に U.S. ニューズは再度世界大学ランキングがを出したが，タイムズや QS と比較して特徴がなく1回で終わってしまった。機が熟したとみた U.S. ニューズは，2014年にランキングビジネス30周年を記念し本格的なランキング『ベスト・グローバル・ユニバーシティ・ランキング（Best Global University Rankings）』に再び参入した。

　U.S. ニューズの国内ランキングは歴史が古い。1983年に国内大学のランキング「ベスト・カレッジ・ランキング（U.S.News Best Colleges Rankings）」を発表したが，ちょうどタイミングよく大学のユニバーサル時代の波に乗って大ヒットとなった。当時，全米にはすでにリベラルアーツ大学，単科大学，総合大学など1800校大学がありランキングの需要は熟していた。国内大学ランキングは当初2年おきに発行したが評判がよかったので，1987年からは毎年発行するようになった。各大学の詳細な情報だけでなく，各大学間のアカデミックの質や授業内容の相違を詳細にかつ見やすく説明していたので大学受験の学生や学費を負担する父兄が比較検討できるこのランキングは好評であった。続い

て1989年に「ベスト・大学院ランキング（America's Best Graduate School Rankings）」，2007年には「ベスト・ハイスクールランキング（America's Best High School Rankings）」を出し，高等学校から大学院までカバーしたラインアップをそろえた。

　米国内外の学生や父兄に支持をされた「ベスト・カレッジ・ランキング」は，2013年に30周年を迎えたがその道は決して順調であったわけではなかった。米国でも1990年代にはランキングの調査方法やメソドロジーに関して全米大学協会をはじめ一部の大学から厳しい批判やボイコットがあったが，そのつど改良して丁寧に対応したため信頼を得て，現在は定着して毎年出版されるたびにミリオンセラーを記録している。当時のU.S. ニューズ社自体の経営もよくなかった。本業の週刊誌は一時期先発のタイムズやニューズウィーク誌と肩を並べていたが1990年代に販売競争に敗れニューヨークで日刊紙を出す『デイリー・ニューズ』に買収され，2010年から印刷媒体はやめてオンラインニューズ専門のニューズ社となった。しかし，印刷媒体で残っていた大学，病院，自動車などのランキングシリーズは時代の風を受けてミリオンセラーを続けたため2013年から会社全体の経営が黒字化した。

　U.S. ニューズの2006年版世界ランキングの失敗も教訓となった。そのときは，既存のタイムズ，上海ランキングの指標を使い，プラス独自の指標を入れたランキング「トップ100グローバル大学ランキング（Top100 Global University Rankings）」として発表した。しかし，独自性が薄かったためタイムズとQSとの差別化で失敗した。そこで，新しい2014年版の世界大学ランキングは，世界50カ国500大学をカバーして指標も独自の指標を用いたより本格的なランキングとなっている。世界，地域，自国を対象にした論文数，世界トップ10以内の論文引用数，国際連携，博士号取得教授数・授与数など10項目の査定によって500位までの順位をつけた。データベース会社にトムソン・ロイターを使い，学術研究の質と世界的な評価を中心としタイムズ，QSランキングと上海ランキングをミックスしたような印象を受ける。分野ランキングも充実していてビジネス，教育，工学，法学，医学など21分野で100までのランキングも載せて

いる。

　2013年にはアラブ地域の800校のディレクトリをつくったのに続いて，2014年にアラブ地域16カ国，90大学をカバーした「ベスト・アラブ圏大学ランキング」も発表した。アラブ圏はランキング世界のホット地域になっていて，ほかのランキング会社も参入している。U.S.ニューズ社以外に英国発の「QSユニバーシティ・ランキング（アラブ地域）」，サウジ発の「CWURランキング（Center for World University Rankings：Arab）」，スペイン発の「ランキング・ウェッブ・オブ・ユニバーシティズ（アフリカ，アラブ圏）」などがあり今後の成長が見込まれている。タイムズランキングも2016年の「MENA[37]ユニバーシティ・ランキング」やアフリカユニバーシティ・ランキング」をめざして各地域でサミットを開催している。

　U.S.ニューズのランキングビジネスの成功は，担当責任者であるロバート・J・モースの長い業界経験，実務能力と温和な人柄に追うところが大きい。国内版で学生のバイブルになっている全米大学ランキングの成功は，大学ランキング責任者モースの内外での価値を上げ，社内での地位を確固たるものにした。モースは米国中西部のシンシナチ大学で学士，ミシガン州立大学で修士（MBA）を取得し，1976年からU.S.ニューズでランキング業務にたずさわっている。一時政府の財政部門で働いた経験があり，数字に強く現在はデータ研究部門のディレクターとして活躍している。年齢も60歳半ばであるが今も現役で，業界では「ランキングの帝王（Ranking Czar）」とか「ランキング・グル（Rankings Guru）」呼ばれるほどの有名人である。

　モースは，米国だけでなく欧州をはじめ世界ランキングに深い知識をもち，世界のランキングの監督機関であるIREGの創設者メンバー，エグゼクティブ・コミティーの委員でランキングに関して絶対的な信頼を得ている。彼は世界の高等教育の発展のためにはランキングは欠かせないと深く信じているがその欠点も心得へいろいろな疑問や批判に対して丁寧に答え業界の長老として尊敬されている。

▎37）MENA（Middle East & North Africa）

5．U-マルチランク（EUランキング）

　EUのランキングは，アングロサクソン大学ランキング対策から始まった。EUには，「かねてから大学の歴史は欧州から始まり，欧州の優秀な大学が世界の発展をリードしてきた」という誇りがあった。にもかかわらず，既存の大学ランキングは英米のアングロサクソンが独占し，上位校はアングロサクソン大学偏重であることに不満をもっていた。そこで政治的には独仏が中心になり，機能的にはEU，ユネスコが中心になって1998年ごろから欧州の教育機関に委託して新しいランキング方法を模索していた。また，ランキングに対する基本理念の相違も理由にあった。既存する大学ランキングが縦型に順位をつけるリーグ式ランキングであったが，選択した大学と各国の大学を並行比較できるような横型のランキングをつくった。

　実際，EUは国が多く歴史が長いので，各国がそれぞれの教育文化に基づき大学を運営しており直接的な比較はむずかしい。基本構想としてマルチディメンショナル（多面的で），トランスパラント（透明で），ユーザー・フレンドリー（使いやすい）なランキングになっており，大学同士を比較できるホリゾンタル（横型）のランキングとなった。EUはこのプロジェクトに予算から補助金（200万ユーロ）を拠出し，国際高等教育研究実績のあるドイツの高等教育センター（CHE），オランダの高等教育政策センター（CHEPS），ライデン大学科学技術研究センター（CWTS），オランダの世界的な研究調査機関エルゼビアなどが中心となって2014年5月に新しいランキングを完成した。

　この新しいEUランキングは「U-マルチランク」と呼ばれ，発表文によるとEUは既存のランキング（タイムズ，QS，上海ランキングなど）のようなリーグ型総合ランキングとはちがったアプローチをとり，大学同士の比較検討などより多面的で，ユーザー志向，現実的なランキングを実現したと主張している。ランキングカテゴリーは5カテゴリーあり，①教育と学習の質（対学生教員率，学生卒業率，就職率，インターンシップ率，教育設備など9項目），②研究成果（外部教育収入，論文数，分野を超えた論文数，ポスドク就職率など9項目），③知識移転率（私的補助金率，産学協同論文，産学提携，教員当

たりのパテント数など7項目），④国際志向（外国語によるプログラム，留学プログラム，留学生数，外国人学生は博士号獲得数など8項目），⑤地域貢献（地域における卒業生就職率，地域企業へのインターンシップ，地域からの研究収入など5項目）で既存のランキング評価項目にない項目がかなり含まれている。

　また，U－マルチランクは順位でなく分野を優秀度によってA，B，Cなどの等級でグループ分けしてあり各人が自分の希望大学と比較して同級，同類の他国の高等教育機関，学科別ランキングを自分でつくって比較ができる（Like with Like）特徴をもっている。評価項目にも参加校の学生アンケートによる授業の評価や地域活動・雇用，企業連携，企業率なども評価対象にするという新しい評価傾向を入れている。欧州委員会は，U－マルチランクのスタートにあたり2014年5月の発表と同時に歓迎のメッセージを出した。2014年度は対象科目を絞ったテスト版で当初は世界の高等教育機関500校を対象にし，内75％がEU域内の学校とするEU志向のランキングと計画されたが，予想以上の反響を呼び参加校は74カ国から850校以上が参加した。

　U－マルチランクは，EUの中期成長戦略「ヨーロッパ2020」の重要政策の一環である。EU首脳は2010年に経済成長・雇用に関する「リスボン戦略」が終了したが米国発の金融危機などもあり満足な結果が出なかった。その反省から新たにもっと積極的な新しい中期成長戦略「ヨーロッパ2020」を打ち出し，副題を「賢明で持続可能で包括的な成長のための戦略（A Strategy for smart, sustainable and inclusive growth）」として5つの基本的な目標を発表した。すなわち，雇用・研究開発／イノベーション・気候変動／エネルギー・教育／社会的疎外で，高等教育はリスボン戦略から続いているEUの基本的目標「世界でもっとも競争的な知識基盤経済をもった社会」を実現するために最も重要視されている政策である。

　EUスポンサーの新しいランキングの出現に対して，既存のランキングの代表格であるタイムズやQSは心穏やかでない。タイムズランキング編集長のフィル・バティは早速，「U－マルチランクはEUの税金の無駄使いになるか

もしれない」[38]というセンセーショナルな批判を展開した。バティの発言は，英国上院王室委員会がEUは2年間で相当な予算をU－マルチランクにつぎ込んでいるが，既存のランキングの欠点をすべて解決しないならば「EUはほかの重要な案件に投資すべきである」と発表したことを言い換えたコメントであった。しかし，EUは2013年1月にこのコメントを意識して「大学は元来欧州が"発明"したもので，高等教育はヨーロッパ2020のコアであり国際流動性の対応とデジタル教育に力を入れる」ことを強調し，「U－マルチランクは欧州高等教育の多様性を世界に知らせるものとして推進する」と切り返した。ランキングに関しては英国とEUとの「冷戦」が水面下で始まっている。

　U－マルチランクは，現在頭文字をとって「UMR」と呼ばれはじめたがまだ市民権は得ていないようだ。コンセプトのちがいもあるが，リーグテーブル式のタイムズランキングやQSランキングと比べて一般受けせずホームページ利用率も少なく，A（Excellent）―E（Weak）方式ランキングに慣れていない大学も多い。第2回U－マルチランク（2015年3月）ではランキング対象大学も1210校に増加し，参加国も83カ国に増加したと発表しているが，資料提出校は670校で，関係者は2017年までに1000校を努力目標にしている[39]。しかし，8万5000人の学生が評価に参加し，大学の地域貢献など新しい評価指標を使うことを評価する関係者も多く，EUの強い支援と補助金を得ているので今後の新しい可能性や利便性の実現に期待したい。第3回の結果は，2016年3月に発表される。

6．そのほかの世界大学ランキング

　2014年に世界大学ランキングは開始以来10周年を迎えた。ようやくランキングも定着しはじめて，第1次の「戦国時代」を終え「発展成長期」に入った。正確には先行の二大ランキング機構（タイムズ，QS）あるいは上海ランキングを加えた三大ランキング機構と新たに発足したU－マルチランク，ベスト・

38) Phil Baty「U－Multirank may be a waste of taxpayer's money」THE（2012.3.22）.
39) University World News（30. March, 2015by Nic Mitchell）「U－Multirank throws up surprises in new leage tables」

グローバル・ユニバーシティ・ランキングを入れて「五大ランキングの時代」となった。ユーザーの増加とともにまだ新しいランキングが生まれる可能性もある。

　ランキングに参加する大学も増加し，今までは大学の伝統がある英国，米国を中心とする欧米地域，大学数や留学生の多い日本，中国，韓国，香港，シンガポールやアセアン諸国などのアジア地域，最近の傾向としては加えるにBRICS，中近東・アフリカ，ラテンアメリカの新興国の大学がランキングに熱心である。ユーザーがそれぞれの目的に従って使い分けることができ便利になったが，まだまだ完全ではなく発展途上にある。したがって，今後も業界の再編，統一，拡大を含め新しいランキングが出現する可能性がおおいにある。ここでは，タイムズ，QS，上海，U－マルチランク，U.S.ニュース以外のランキングを簡単にふれておく。

(1) ゴーマン・レポート「世界大学ランキング」（米国）

　上海ランキングの前に，世界ランキングは米国に存在していた。1967年に米国で出版された『ゴーマン・レポート』であるが，その秘密性ならびに非科学性のために批判が多かった。現在は発行されていないが，このレポートは米国の高等教育の先進性の結果として生まれ教育関係者からは重宝された。ランキングが生まれた背景には，第二次世界大戦前の米国では，大学は白人を中心とした特権階級のもので有名私立大学が中心であったが，戦後の戦争帰還兵や18歳人口の増加で大学生教育がマス化し私立大学以外に各州の都市に州立大学が急増した背景があった。1945－50年代に高等教育を受ける機会を失っていた帰還兵士たちのために，政府が高等教育復員兵援護法（GI法）をつくったことによって数100万の退役兵士が大学に大量入学し大学も増えた。

　1960年代には戦後のベビーブーム世代の子弟がまた大学に行くという好循環が生まれ，4年制大学だけでは足りず2年制のコミュニティーカレッジや職業専門大学もできて大学が急増・多様化した。1965年には高等教育法が発令され大学施設や設備が充実され，さらに大学に進学する学生に対して連邦政府による資金援助が出され大学進学者が大きく伸びた。また，米国の好景気を背景に

出された「大きな国家，豊かな福祉」のスローガンに象徴されるように米国は軍事力，経済力だけでなく高等教育を含め名実ともにすべての分野で世界最強の国家となっていった。

その後，1970－80年代にかけて少数民族や女子学生などマイノリティー（少数派）の増加などで大学のユニバーサル化が進み，1981年には学生全体の14％であったマイノリティーが，2005年には27％（内アフリカ系12％）となった。大学進学率も2012年時点で74％を越え国内学生も増加したが留学生数も急増して約82万人と世界でトップとなり，全世界留学生の3.9％を占めている。現在，米国の高等教育機関数は大規模，中小規模をあわせると約4000校（4年制大学は2600校）あり政府の大学支出[40]は金額で3730億ドル（2013）でその額は国民総生産（GDP）の3％を占める巨大産業になっている。

最初の世界ランキングは，高等教育法が出された直後に当時カルフォルニア州立大学学長のジャック・ゴーマンが発表した。ゴーマンは政治学者（博士）であったが，米国とフランス（パリ大学）で学位をとった国際人であったので研究の一環として米国内大学だけでなく，カナダ，世界の主要大学との比較をした。学部別，科目別，大学院，プロフェショナルスクール，世界の大学，アドミニストレーション，図書館のレベルなど広範囲にわたってランキングを発表したが当時としては画期的な試みであった。ゴーマン・レポートは学術専門研究機関を使ったアンケートベースの調査方法をとらず各大学の総合案内，教職員の調査研究，実業界の意見などの公式資料と個人あるいは私的な大学ネットワークを生かして大学の施設，運営方針，管理体制，学生援護体制，教職員間の協力体制，問題解決力，研究成果，図書館やカウンセリング体制などを調査し，その結果を数量化して平均値で比較した主観的ものであった。調査員も全国の大学に500人いたが，具体的な調査方法，メソドロジー，数字的根拠が明らかにされいなど不明瞭な点が多かったために批判があった。しかし，米国高等教育がユニバーサル・アクセス時代を迎えていた米国の大学の進学ガイド

---

[40] 原典は米国国務省「US Education in Brief」（2012）などの基本情報から。米国大使館ホームページ（2012年9月3日アクセス）。

として使われた。欧米や日本の有名大学（東大）の地位が低く発表されて，その非難がゴーマンにいき大騒動になったという「ゴーマン騒動」が起こったのもこの時期である。

　1980年代になると大学進学率も高まり，ユニバーサル時代を迎え大学教育は転換期を迎えた。1980年には教育省が復活されて，大学経営の効率化や教育の質の改革に力を入れはじめ，それまで民間に任せていた大学の評価基準（アクレディテーション）強化に政府主導で力を入れた。1996年に米国最大の大学基準認定機関の米国高等教育アクレディテーション認定協議会（CHEA）が生まれ，1年後に出版権利を買った教育機関の「プリンストン・レヴュー」が出版会社ランダムハウスを通じて最新版『ゴーマン・レポート』を出版したがそれが最終版となった。

(2) ウェボメトリクス・大学ランキング（スペイン）

　2003年の上海ランキングに続いて2004年にタイムズ＝QS ランキングが登場したが，同じ年にスペイン文部省傘下でスペイン最大の公共高等研究機関である科学研究高等会議（CSIC）[41]が新しいランキング「ウェボメトリクス世界大学ランキング（Webometrics Ranking of World's University Rankings）」を発表した。ウェボメトリクスはインターネットの Web ページを利用した大学や研究機関の研究発表とオープンアクセスを促進，評価する目的で始められたランキングである。当時としては，時代を先取りした画期的な試みで教育界から注目された。

　現在，年に2回（1月，7月）に発表され評価項目は，各大学がどれだけヤフー，グーグル，専門 Web ページなど外部リンクとつながりインパクトのある掲載方法をとっているかのビジビリティー・ウエイトが50％，ヤフーやグーグルから検索できるサイズ（プレゼンス），PDF，ワード，パワーポイントなどのリッチファイル添付数（オープンネス），グーグルスカラーなどへの大学

---

[41] CSIC は，1939年に設立された欧州最初の基礎研究機関の1つで，スペイン内に126の研究センターをもつ。文科省所属で科学技術の推進と研究者のネットワーク推進を目的としている。

研究発表文および引用分量(エクセランス)をあらわす大学活動指標であるアクティビティー・ウエイト50%で構成されている。

公共データを使うという意味では上海ランキングとアプローチは同じで，ウェボメトリクスランキングではWebページ上の利点もあり世界の1万9500校の大学を発表している。ランキングは全世界以外に13の地域別(北米，南米，欧州，アジア，アフリカ，アラブ，オセアニアなど)でもみられる。このランキングでも欧米のアングロサクソン系大学が強く，2015年7月のランキングでは上位1～12位まではハーバード，MIT，スタンフォードを筆頭とする米国大学が独占し，英国のオックスフォード，ケンブリッジ大はそれぞれ13，14位，アジアの大学では37位に北京大学，45位にソウル大学が入り，東大は46位，京大は75位とアジアでは3位と9位である。

IT利用率の高い米国が圧倒的に多いという偏向もあるが，発表校数ではほかのランキングを圧倒している。トップ100での数をみると米国67校，英国7校，ドイツ2校と欧米が強く，アジア勢では日本，台湾各2校，中国が1となっている。1月にはハッカーに狙われランキング発表での障害が起きるなどネットにたよるランキングの問題も発生した。

(3) NTU大学ランキング(台湾)

アジアでは，上海ランキング以外に台湾国立大学(NTU)が出しているNTUランキング(National Taiwan University Ranking)がある。台湾には高等機関が163校(2011)あるが，米国の影響を受けているため教育に熱心で大学の質的保証を重要視している。1975年に文部省指導のもとで大学法改正を実施して分野別評価を進め，2005年に文部省と高等教育機関が出資して第三者評価機関である高等教育評価認定協会(HEACT：Higher Education Evaluation & Accreditation Council of Taiwan)を設立した。HEACTは，文部省に代わって国内大学や研究機関の質の評価を5年サイクルで質の評価をしてきたが，2007年から世界の大学500校を対象に研究論文の質と発展性を評価した世界大学ランキング(SPWU：Performance Ranking of Scientific Papers for World Universities)を開始した。

SPWUランキングは，2012年から「NTUランキング／SPWU」となり毎年10月に世界の優秀研究大学を発表するようになった。2015年10月のランキングでは6フィールド（農業，医療，工学，生命科学，自然科学，社会科学）とともに14科目の詳細ランキングを発表している。上海ランキングは学術ランキング，タイムズ，QS，ニューズウィークは総合ランキングであるのに対して，NTUランキングは科学的論文成果を重点とし客観性を強調するランキングと位置づけている。トムソン・ロイターの公的研究文献データSCI（Science Citation Index）とSSCI（Social Science Citation Index）を使い，各大学の，①発表論文件数で計る論文生産性（20％），②引用論文件数で計るインパクト（30％），H－index値，引用頻度の高さ，世界的学術誌で評価を受けた論文で計る卓越性を短期，長期にわたって評価している。

　研究者が利用する傾向があり，2015年のランキングでは総合ランキング1位はハーバード，2位ジョンズホプキンス，3位トロント大学で，20位に東大，49位に京大，90位に阪大が入っている。100位以内にランクインした数では，日本3校に対し中国は4校ランクインし，米国は約半分の44校と圧倒的な強さを誇っている。日本の独立行政法人・大学評価・学位授与機構（NIAD－UE）と提携し交流がある。

(4) ライデン・大学ランキング（オランダ）

　ライデン大学は，1575年創立のオランダの看板大学である。日本とは深い関係があり，長年鎖国政策をとっていた徳川幕府の窓口でもあり世界で最初に日本学科を設置した総合大学である。また，西周，津田真道らは幕府から派遣されてライデン大学で法律，経済，哲学などを学んだ。ライデン大学は2007年からライデン大学の研究機関である科学技術センターCWTS（オランダ語訳，英語名：Centre for Science and Technology）が研究成果を中心とした大学ランキングを発表している。正式にはCWTSライデン・ランキング（CWTS Leiden Ranking），通称ライデン・ランキングと呼ばれ，データベースはトムソン・ロイターのウェブ・オブ・サイエンス（Web of Science）指標を使用している。評価基準は，①論文インパクト（論文数，引用数，トップ10％論文

数など），②科学技術提携（大学提携，企業提携，国内外提携など）で論文言語（英語，非英語），学科・研究科目，大学規模なども考慮していくつかのランキングが発表されている。

　以前は，調査対象大学は500校であったが，現在は750校に増加した。研究成果中心で一流ジャーナル（コア・ジャーナル）掲載論文が対象なので評判など主観的基準を設けたタイムズやQSでのトップ校オックスフォード，ケンブリッジの地位は高くない。また，研究評価に学術的提携も含むので研究志向の強い大学や学術提携が少ない大学は不利になり，一部には納得のいかない結果が出る場合もある。したがって研究と学術提携のバランスのよい大学をもつ米国や小さい国でも優秀な研究所をもつ国あるいはトップ１％レベルの論文を多く書く研究者がいる大学や研究所が有利で，以下英国，スイス，イスラエルの順となっている。ちなみに，2014年度のランキングでは調査対象年（2009－2012）の最も引用数頻度の高かった米国のロックフェラー大学がMIT，ハーバード，スタンフォードを抜いて１位になった。

　2015年は，１位がMIT，２位ハーバード，３位スタンフォードで10位にイスラエルのワイスマン研究所が入った。英国のオックスフォードとケンブリッジは21位と23位だった。アジアの大学をみると，ここでも日本の大学の地位が低い。発表対象750校のうち日本の大学は東大が415位（アジアで35位），京大が473位（54位）であった。アジアにはイスラエルなども混ざり１位はワイツマン研究所（イスラエル），２位はキング・アブドラ大学（サウジアラビア），３位が南洋理工大学（シンガポール）であった。昨年１位であったロックフェラー研究所がトップ10からはずれ，2015年は共同研究や企業提携を評価するため，中国では調査時に外国の大学，企業提携に力を入れていた福建省の福州大学（重点大学）が166位に入り，精華大学が250位となるなどランキングに不安定な面もある。

(5) CHE 大学ランキング（ドイツ）

　ドイツは，古くからフンボルト教育改革で知られ米国，英国，オーストリアに次ぐ留学大国である。ドイツには大学も多く，欧州最大で380の大学があり

24万人の留学生（全学生の10%）が学んでいる[42]。ドイツはボローニャ・プロセス（1999）の理念を着実に実行して大学改革を進め，連邦政府，州政府とフォローアップグループ（支援機構）が連動して国際化を進めている。したがって，2015年のタイムズランキングのトップ200の占めるドイツ大学数でも20校と米国，英国に次いでWCUが多い。ドイツ発のランキング機構は英国のように多くないが，欧州内ドイツ語圏諸国のランキングは高等教育開発センター（CHE）が有名で，EUのランキングであるU－マルチランクの創始者のメンバーとして貢献した。

　CHEは，ドイツの高等教育改革と国際化を推進する独立した第三者機関で，1998年から大学入学を希望する新入生を対象に「CHE大学ランキング」を発表している。そのほか，大学の研究実績を対象にしたCHE研究ランキング，大学院をめざす学生のための欧州大学院ランキング（分野と大学限定）であるCHEエクセランスランキング，学士プログラムの雇用適正度を評価するCHE雇用的評価ランキングを発表している。CHE大学ランキングは縦型のランキングとちがってユーザー本位で自分で科目を選んで対象大学のランキングを知る形式となっており，最初はドイツ語圏の学生用に開発されたが現在では多くの欧州の学生に使われている。

　CHEランキングは，当初経営と化学教育プログラムの2科目対象だったが年々科目数を増加し現在では35科目となった。評価項目は教育プログラム，インフラ，研究成果，学生や教員評価，国際化度などで，その結果は1999－2004年が雑誌『ステルン（Stern）』，2005年以降が新聞『ディ・ツァイト（Die Zeit）』で発表された。25万人の学生による学習情報，学習評価アンケートにはプログラム内容，教授，インフラなどが説明され教授による学部紹介，評価も載せている。

　2010年から将来研究者をめざす大学院生（修士，博士課程）対象に「CHEエクセレンス・ランキング（CHE Excellence Ranking）」が発表され，大学院情報にも力を入れている。CHEランキングでは国際的な欧州130以上の大学の

[42] ドイツ学術交流会（DAAD Tokyo）ホームページ（2015年3月）

■ 世界主要大学ランキングの歴史 ■

1967	米国大学教授ゴーマン博士が最初の世界大学ランキング「ゴーマン・レポート」（Gourman Report）を発表
1983	米国ニューズ・アンド・ワールド社「アメリカのベストカレッジ」発表（America's Beset Colleges）
1998	ドイツ高等教育開発センター（CHE）が「CHE 大学ランキング」を発表（CHE University Ranking）
2002	ユネスコ・ヨーロッパ高等教育センター（UNESCO－CEPES）が世界の主要ランキング機構や専門家と史上初の国際ランキング国際会議をワルシャワで開催し，2004年にランキング専門家グループ IREG（International Ranking Expert Group on Academic Ranking and Excellence）が誕生
2003	中国上海交通大学による国家プロジェクト「世界大学学術ランキング」発表（ARWU：Academic Ranking of World Universities）
2004	英国新聞社タイムズ紙別冊「タイムズ・ハイヤーエデュケーション（THE）」と英国国際教育コンサルティング会社 QS による共同の「世界大学ランキング」発表（THE－QS：World University Rankings）
2004	スペイン科学研究高等会議（CSIC）による「ウェボメトリクス世界大学ランキング」発表。Web ページによる研究重点ランキング（Webometrics Ranking of World's Universities）
2006	米国ニューズウィーク社（Newsweek）が「トップ100グローバル大学ランキング」発表（The Top100 Global Universities）
2006	UNESCO 主導の専門家国際会議（IREG）でランキングの質保証とグッド・プラクティス（実践）に冠する16項目の国際的な原則（ベルリン原則）が策定される
2007	台湾高等教育評価認定協会（HEEACT）による「HEEACT 世界ランキング」発表。研究重点ランキング（現在は台湾国立大学「NTU 大学ランキング」と改称）（National Taiwan University Ranking：Performance Ranking of Scientific Papers for World Universities）
2007	フランスパリ国立高等鉱業学校（ENSMMP）による「ENSMP 世界大学ランキング」発表「フォーチュン500」による CEO 出身大学調査 （Professional Ranking of World Universities）
2008	オランダライデン大学高等教育研究所（CWTS）による「CWTS ランデンランキング」発表（CWTS Leiden Ranking）
2009	IREG が UNESCO 下で公式の審議機能をもつ世界大学ランキングの国際ランキング NPO 団体 IREG Observatory on Academic Ranking and Excellence となる
2010	THE と QS が分離しそれぞれ独自ランキングを発表 タイムズランキング：THEWUR（THE World University Rankings） QS ランキング：QSWUR（QS World University Rankings）
2014	EU 主導のランキング「U－マルチランク」（テスト版）発表（公式版2015） ユーザー型比較ランキング（U－MULTIRANK） U．S．ニューズ・ワールドが新しい世界大学ランキング「ベストト・グローバル・ユニバーシティズ」ランキングを発表（Best Global Universities）

出所：IREG および文科省などの資料から筆者が作成

生物,化学,物理などの自然科学系から数学系,社会科学系を含む分野を紹介し,評価基準としては,①学術論文の出版数と引用数,②学生,教員の流動性,③EUのエラスムス・ムンドス,マリー・キューリープロジェクトの有無,④EUの研究補助金,ノーベル賞受賞有無などである。CHEはEU支援のU－MULTIRANKの原型の1つにもなっている。

 第2章　主要世界大学ランキング機関の活動と比較

　21世紀は,あらゆる分野で高度な知識を要求される知識基盤社会である。したがって,その役割を担う高度人材養成と獲得は国際的なレベルで行われる。世界の学生は,最良の教育が受けられ卒業後のキャリア形成に有利な有名大学を求めて国境を越えて移動する。彼らにグローバルな視点で詳細な情報やガイダンスを与える世界大学ランキングの重要性は,今後ますます高くなる。ランキングは,もはや単に国内の学生のためだけでなく世界の学生が共有する財産となっている。大学にとっても,ランキングは大学間競争により世界の大学の教育,研究の質と国際性を高める有効な手段となり,学生だけでなく優秀な教員や事務員を集め,イノベーションを推進して政府や諸機関の補助金を獲得し,国を発展させる手段ともなったのである。過去30数年米国国内大学のランキングに集中してきたU.S.ニューズが世界大学ランキングに参入してきたのも大学のグローバル化,留学生の増大,教育・研究などの国際化のスピードと変化を無視できなくなってきたからである。

　伝統的なアカデミックの人たちのなかには,高等教育のグローバル化と市場化を恐れる声も多い。しかし,世界の高等教育市場が拡大することによって,相互の情報や人的交換も増加し教育インフラが整備されるメリットのほうが大きい。また,多くの留学生が来ることによって地域経済が活性化し,結果的に高等教育が立派なサービス産業に成長する。英国やオーストラリアは観光産業と同じように留学生獲得を重要な産業と位置づけ市場化を進め,最も重要なサービス産業の1つに育て上げた。

特に高等教育を国家経済の重要な柱と位置づけたオーストラリアにとって留学生教育産業は，観光業とともに鉄，鉱石につぐ第三の重要な輸出産業である。英語圏では米英につぐ3番目の人気留学先で1200校をこえる大学，専門学校があり2015年タイムズランキングでもメルボルン大学，オーストラリア国立大学，シドニー大学など世界ランキング上位100校に6校，上位200校に8校出している。元首相で教育に熱心だったジュリア・ギラード女史[43]は「2025年までに世界の大学トップ100にオーストラリアの大学10校を入れる」と宣言し高等教育の重要性を訴えた。

　大学ランキングは，いわば「船の羅針盤」のようなものである。毎年，世界の大学界の情報と自分の大学を比較し，自分の大学の世界での位置がわかり将来のとるべき方向を教えてくれる。現在，各国の大学の質を評価する大手ランキング評価機構は主なもので世界に15機構ぐらいあり政府，教育・研究機関，私企業などで構成されている。英国は民間の新聞社（タイムズ），教育コンサルティング（QS），中国は政府教育機関である上海交通大学（上海ランキング），米国は民間の週刊誌（U.S.ニューズ），欧州は連邦政府EU（U－マルチランク）とさまざまでまだ発展途上にあるといってよい。私企業がランキングをする場合には，高等教育の情報提供やサービス経験が豊富でランキング活動は公共的な性質をともなったNPO活動の一環として行っている場合が多い。したがって，これらの企業ではランキングは公的サービスと割り切り，ビジネス収入源はランキングそのものよりその情報を利用した活動で収入を獲得しており，一方的に商業活動と決めつけることはできない。使い方によって各国の政府や研究機関のランキングと補完関係をなし健全な大学指針となりうるのである。

> 43）Julia Gillard：オーストラリア初の女性首相（2010－13）。メルボルン大学を卒業し弁護士を経て政治活動（労働党）。アジア政策と教育政策に熱心で2012年「アジアの世紀におけるオーストラリア」での目標の1つ。2014－15タイムズランキングでは，オーストラリアはトップ100校のうち5校ランクインしている。それらの大学はメルボルン大学（33位），オーストラリア国立大学（45位），シドニー大学（60位），クイーンズランド大学（65位），モナッシュ大学（83位）。

各ランキング機関もランキング以外の教育事業を行って，教育の付加価値を高め発展に貢献している。QSでは世界各地で行う有名大学，MBA志望者への有名大学へのリクルートや大学全般のコンサルティング，NAFTA（米国），EAIA（欧州）のアジア版や中近東・アフリカ版である国際教育者会議（QS－APPLE，QS－MAPLE）などのイベント事業を行い，タイムズもランキングはNPO的活動でそのほか高等教育誌，情報サービス，国際会議，中近東・アフリカ地域を対象としたMENA会議などの地域会議をはじめビジネスの拡大を図っている。政府主導で始まった上海ランキングも，ランキング活動のコンサルティング会社をつくって法人化し，ランキング以外に政府関係の調査研究，コンサルティングや2年おきにワールドクラス・ユニバーシティ会議を開催して活動範囲を広げている。U－マルチランクは始まったばかりでEUの補助金を2017年までの期限付きで利用しているが，やがては法人化する予定である。

　このようなランキングの浸透は，大学発展の成熟段階であるユニバーサル化の現象である。規模の拡大でサービス産業化し，経済的な貢献もしている。大学を産業としてみる「市場型大学評価を許していいのか」，ランキングが「営利目的になっていいのか」など批判のあることも事実である。しかし，すでにランキングは大学教育，研究，国際化の評価手段として定着していて，ユネスコ，OECD，IREGなどの国際教育機関の指導下で評価や質保証の基本ルールを設定し管理体制を築いている。また，ランキング機構も透明性を増しユーザーの意見を取り入れ，公平さを推進している。経済および知的基盤の発展は各国政府の祈願であり，政府がランキングを正しく国家戦略に反映すれば利益を得るのはその国全体で，ベンチマークすれば国際的相互利益がある。

　現在のランキングはまだ完全ではないが，第2次発展段階にあり，ランキングはグローバル時代の世界教育の新たな需要に応える有効手段といえる。国ベースで行ってきた世界の高等教育は，今や世界的規模になり新たな発展成長段階に突入したといっても過言ではない。そのためランキング研究機関の国際会議に世界や各国の政治機関の代表が積極的に参加している。本章では，主要ランキングの内容を論議する。

1．主要世界大学ランキングの分類と特徴

　ランキング機構誕生の背景は国によって異なる。米国と英国はユニバーサル，グローバル時代を迎えて留学生受入数が増加した時期に留学生の進学ガイドとしてランキングを導入し，また新興国の中国は国の教育キャッチアップ政策のための国際大学比較プロジェクトの手段として出発した。他方，EUは英米の既存ランキングの独占に抗し欧州の大学振興のための政治的理由から始まった。そのほか，ドイツ，オランダ，台湾などにも国際ランキングがあり，新興国のサウジアラビア，ロシアなども独自のランキングをつくっている。明治維新以来大学序列が固定していて世界標準での比較を嫌う日本は国内での偏差値比較にとどまり，日本発の世界大学ランキングは出なかった。ランキングの根本にある哲学は，世界の有名大学間の健全な競争によって世界の大学の研究，教育の質と国際性を向上させることにあり，手段としての公式データも日々整備されているので今後もいろいろなランキングが出る可能性がある。ランキング機関がランキングされるきびしい時代となったのである。

　現在の世界大学ランキングの基本評価項目は，大学の「研究」「教育」「国際性」の質と卓越性を問う基本構成になっていてそれらの項目は相互に関連している。ランキング評価機構を大きく分類するとタイムズ，QS，U.S.ニューズは「総合大学ランキング」で対象者が大学，学生，父兄などで，上海ランキングはノーベル賞など「研究志向ランキング」，U-マルチランクは留学生主体の多面的，ユーザー志向ランキングと区別できよう。ランキング発表校は，タイムズが800校，QSは950校，上海は500校，U.S.ニューズは各750校の順位を発表している。データベース会社としてはU.S.ニューズ，上海がトムソン・ロイター，QS，U-マルチランクはエルゼビアと提携しているが，タイムズ[44]は2015年からトムソン・ロイターを切り替えスコーパス（エルゼビア）

44）タイムズ（THE）は，2014年11月に世界ランキングとパフォーマンス分析のためのデータ提供についてエルゼビアとの業務提携を発表した。また，外部委託していた大学機関に関するすべてのデータ収集作業はTHEの内部分析作業チームが行うことなり，2015年以降のトムソン・ロイターとの大学ランキングでの業務提携は事実上解消した（2014年11月20日エルゼビア発表文）。

と提携している。

　各ランキング機構の審査条件にも特色がある。タイムズは参加大学が学部をもち1科目だけの単科大学を対象外とし，研究論文数も年間200以上との条件があり評価項目は13と多い。QSは研究，教育，国際性以外に大学の雇用力を入れ合計6項目の評価項目となっている。3400校のなかから950校選び700校を発表しトップ400校はレンジではなく個別ランキングをしている。タイムズもQSもアンケート調査による評価を入れているが，QSは教員アンケート比率（ピア・レヴュー）による学術的評判（アカデミック・レピュテーション）や雇用者評判（エンプロイヤー・レピュテーション）に高いウエイト（40％＋10％で50％）をおいている。

　ピア・レヴューは客観性に欠くとの批判があるが，同僚研究者によるピア・レヴューは研究評価ではデータ中心のビブリオメトリック以前の主流評価方法でいろいろな分野で利用されていた。主観的データを嫌うタイムズの調査でも約80％の有識者が研究者による評判を望んでいるし，パーセンテージを低くして評判調査に使っている。ピア・レヴューに固執するQSは学術的評価（アカデミック・レピュテーション）の研究者調査数を2010年の1万5000人から2014年の6万3000人と4倍強に延ばし調査数を増やすことによって内容，信頼性，精度を高めている[45]。上海ランキングは国の数量的目標が必要だったので，逆にデータによる客観性に徹してノーベル賞やフィールズ賞の受賞者数，ネイチャー，サイエンスなどの有名ジャーナルなどへの論文掲載数などを研究評価の主眼としてアンケート調査はない。しかし，その限定要素のためにトップ校が固定して比較がむずかしくなりタイムズやQSのように総合的な判断資料として使われない場合も多い。

　各ランキング機構のランキングは公的性格をもつが，タイムズやQSのようにランキングと教育ビジネスを明確に分けながらも私企業であるので各機構がほかの関連ビジネス手段の材料に利用される場合もある。この点は商業的利用

45) 2014年3月のオーストラリアUNSWでの国際フォーラムでのQSプレゼン資料より。

■ 世界大学ランキングの分類 ■

種　類	ランキング名（開始年）	発行者	発表校数	データベース
総合型	タイムズ（2004）	THE（英）	800	エルゼビア（2015～）
	QS（2004）	QS（英）	950	エルゼビア
	U.S.ニューズ（2015）	U.S.ニューズ（米）	750	トムソン・ロイター
研究型	上海ランキング（2003）	上海交通大学（中）	500	トムソン・ロイター
多目的型	U-マルチランク（2014）	EU	(1210)	エルゼビア

出所：各ランキングを筆者が編集
(1)　タイムズは2014年11月にトムソンからエルゼビアに変更
(2)　U-マルチランク参加校は，2015年は1210校だが，ほかのランキングと発表形式が異なる

が過度になると問題になるところでもあるが，程度と管理の問題であろう。ランキング機構の管理と規則は政府関係ではユネスコやOECD，NPOとしてはランキング監督機構IREGが規則をつくり監視している。QSは，NPO的事業のランキングでは総合ランキング以外に科目別，学部別，地域別（4地域），留学生都市，新興大学ランキング，MBAランキングと合計8ランキングで多面的評価をしている。そのほか，主力ビジネスであるMBA，大学院のキャリアツアーやフォーラムを世界主要地で開催している。また，大学トップの交流のために世界学長会議や地域別の国際教育者会議をアジア・パシフィックではQS-APPLE，中近東・アフリカではQS-MAPLEを業界で最初に開催している。

　タイムズは，新聞社から独立したため経営が安定せず経営者もたびたび変わった。最近では親会社が米国の大手投資会社になりその傘下である英国世界最大級の教員リクルート会社TES GLOBALの下となり経営も安定し積極的な事業展開を始めた。投資資金も豊富になり，世界ランキング以外に各地域，科目，評判，新興大学ランキングなどを発表し，親会社の教育ネットワークを生かし中近東アフリカ（MENA），学生サミット，教育関係者のアカデミック・サミットなど国際会議を開催年商業的活動に力を入れている。タイムズという看板を背負っていることが大きな財産である。

　しかし，業界の発展とともに新しい世界大学ランキングも出現している。U

ーマルチランクは，欧州の大学の性質から大学をタテに並べる縦型ランキングではなく同レベル大学の比較，多様性，使いやすさを特徴として評価項目に地域貢献や学生アンケートなど新しい指標を取り入れている。U.S.ニューズは米国国内での30年の経験を生かして今年から本格的な世界ランキングを始めた。750の大学から49カ国500大学を選択し，主観的，客観的評価を交えてトムソン評判調査の200位以内，過去5年間の論文掲載数トップ200位以内，10評価項目などの厳しい条件を課したために小規模専門的なロックフェラーやカリフォルニア大学（サンフランシスコ）のような大学院志向の研究大学がランクに入れるようになった。これからも既存の評価機関には評価項目の変更があるだろうし，また中近東・アフリカなどから特徴のある新しいランキングが始まる可能性は大である。

　2．主要世界大学ランキングの指標比較

　大学ランキングをするためには，大学の活動を評価する指標が必要である。学術活動評価は主に世界の同じ分野で活躍する専門家による評価，ピア・レヴュー（Peer Review）や研究活動の生産性を表する学術論文と影響力（インパクト）を表す被論文引用数を用いて定量的指標で表すビブリオメトリックス指標（bibliometrix index）で構成されている。ともに第三者の専門的評価を使うのであるが，前者は伝統的，主観的，アナログ的性格をもち，後者は数量的，科学的，デジタル，客観的とみなされている。一般的にはピア・レヴューは主観的なので評価が偏よるという意見があるが，教育評価の歴史的過程からみると両者ともそれぞれ特徴をもち有効な評価指標であることはまちがいない。

　特にビブリオメトリックスは，統計学の発達で図書館学の文献分析から発生したので文献計量学，書誌計量学などと訳されている。しかし，その後のコンピュータやIT技術・ソフトの発達で加工しやすく安定性にかけるとか変更が頻繁であるなどの批判がある。各評価機構は，研究評価に主にこの2つの指標配分を決めているが，QSは伝統的なピア・レヴューによる学術的評判調査も尊重し数量や分析手法を改良することで特色を出している。ビブリオメトリク

ス指標のデータソース源としては主に米国トムソン・ロイター社の「ウエッブ・オフ・サイエンス（Web of Science）」とオランダのエルゼビア社の「スコーパス（Scopus）」があるが，最近では米国グーグル社の「グーグルスカラー（Google Scholar）」などIT系があり収録分野範囲，分析手法などで一長一短である。

　研究評価の発展とともに，研究評価手法も変化してきた。戦後の経済発展がドルショックやオイルショックを超えて安定成長に入る1970年代から各国が経済発展のためにそれぞれ科学技術政策を重要視し研究・開発に力を入れだしたからである。限られた国の予算を有効に使うためにいろいろな研究評価方法が試みられたが，まず，研究分野を同じくし高度な研究を理解できる同分野の専門家がアンケートに答える方法が主流であった。この評価方法の効用は現在あらゆる分野の研究評価にも有効である。しかし，1980年代に経済発展で研究活動や予算規模が大きくなり，ITの発達も伴い組織や個人評価においてそれぞれの分野の専門家が主観的に決める評価に加えて数値によるより客観的な評価で補完するようになった。

　そこで，ITブームといわれる1990－2000年代に最新のIT技術を使い複雑な数学や統計手法を用いて客観的に評価分析するビブリオメトリックス評価方法の信頼性も上がり研究評価ツールとして標準化した。したがって，ビブリオメトリックス評価は約50年の歴史があるが分析手法，収録範囲，言語範囲，分類体系，ローカルデータとの整合性など統一規格はなくまだ完成はしていない。筆者が短期研究員を務めた英国・エセックス大学のSPRU研究所やオランダ・ライデン大学のCWTSなど10ぐらいの政府や大学研究機関で改良の研究を続けている[46]。

　現在のランキング機構の評価システムでは客観性を担保するためにビブリオメトリックス指数を使った研究評価の比重が高い。上海ランキングは90％，

46）ビブリオメトリックス指標に関しては，国立情報学研究所孫媛研究員の発表レポート「ビブリオメトリクスを活用した研究評価の現状と展望」（SPARC Japan 2012年度第1回）を参考にした。

U.S.ニューズが67.5％（内ピア・レヴュー15％），タイムズが60％，QSが60％（内ピア・レヴュー40％）である。QSは使い手の使いやすさやわかりやすさを特色としているので，研究分野だけでなく，学生対教員数による教育率，雇用主による雇用率，外人教員や留学生比率などの国際性指標を入れている。したがって，全体評価のなかでのビブリオメトリックス評価への依存率は低い。タイムズはQSと別かれてからピア・レヴューの配点率を少なくし研究成果にウエイトを増やし，研究成果以外に教育指標，企業収提携による収入などを入れている。しかし，研究者による学術評判とピア・レヴューは捨てていない。

　いっぽう，上海ランキングは，ランキング作成の動機のちがいから客観性に徹底しノーベル賞やフィールズ賞の受賞者数や有名なジャーナル掲載率や被論文引用数に高い率を与え，U.S.ニューズは主観的な世界的研究評価のみならず地域的研究評価に高い率を配分しランキング評価に地域評価を初めて入れた。そのほか，国際共同論分数，論文インパクト，学生博士号授与率，教員博士号取得率など大学院や専門研究大学院を意識したランキングになっているが欲ばりすぎるとの意見もある。

3．世界ランキング評価の今後の方向

　世界の大学生が国際性，多様性を求め国境を越え有名な大学に入学することが当たり前の時代になった。また，「米国の大学は別」と独立の評価ランキングをもち本格的に世界ランキングに参加しなかった米国でさえも世界ランキングを開始した。10年余を経過した世界大学ランキングも定着しはじめ，高等教育の国際化に利用されている。大学ランキングが浸透するとともに，評価する機関の責任と評価指標の信頼性がますます重要になっている。OECDやユネスコのような関連国際教育機関もその必要性を認め，定期的に各評価機関が過度の商業主義に走らず利用者ベネフィットに徹し，絶えず評価手法の改善や透明性を高めるよう監視と指導を強化している。

　いっぽう，ユーザー側の反応もだいぶ変化した。かつては，米国，欧州，日本の大学連盟から批判や改善要求などを出されたり，国によってはランキングをボイコットしたり，大学が評価申請をしなかったりさまざまなネガティブな

反応もあった。しかし，グローバルな外部環境とユーザー側の必要性，理解度の急速な変化で世界大学ランキングへの受容度と需要性は年々高まっている。評価方法は各ランキング機関の特色があるが，時代の必要性により修正，変化し，技術的側面であるビブリオメトリックスも改良されている。

　しかし，この分野はコンピュータ，インターネット，データ処理，統計手法などいろいろな要素によって構成されていて，今後の開発によるところも多く時間がかかる。コンピュータの歴史も約100年，グーグルが提唱したクラウドコンピューティングも約10年，「エコノミスト」がビッグデータ利用を提唱してから約5年，あらゆるものがつながれたもののインターネット（IoT）」が提唱されたのは最近と，絶えず進化している。大学評価の歴史もまだまだ浅い。中世の大学ができてから800年たつが，評価システムができてからたった50年，世界ランキング評価がシステマチックに始まってから10年である。このような条件のもと，大学はその時代の指標に合わせて対応していくのが妥当と思われる。

　高等教育評価システムと教育の質保証メカニズムも，地域および国での構築が始まっている。OECDは，大学運営を研究する高等教育機関管理運営プログラム（IMHE）を通じて学長牽引型の高等教育人材育成とPISAの大学版である高等教育の学習成果到達度測定（AHELLO）を検討し，ユネスコは研究の質の向上や標準かシステムを検討してきた。ユネスコは，2004年にユネスコ・ヨーロッパ高等教育センターUNESCO－CEPES（UnESCOEuropean Center for Higher Educaton 本部ルーマニア，ブカレスト）がランキングに関する会議をワルシャワではじめて招集し，2004年にユネスコ・ヨーロッパ高等教育センターと米国の高等教育政策研究所（Institute for Higher Education Policy 本部，ワシントンDC）が中心になり主要ランキング機構，学術的指導者，専門家が世界ランキングに関する声明文を出し国際ランキング専門家グループ（IREG : International Ranking Expert Group）が結成された。

　IREGの目的はランキングの質やシステム，透明性，信頼性の向上の助言と審査で，2006年のIREGの第2回目の会合において大学ランキングの質とグッ

■ 主要世界大学ランキングの評価項目比較2015-16 ■

機関	評価項目	%	評価指標および内容	%	補足説明
タイムズランキング（5項目）（13指標）	研究の質	30.0	研究レベルの評判	18.0	世界の教員による評価
			対教員研究収入	6.0	14,000人
			対教員論文数	6.0	エルゼビア（SCOPUS）指数
	論文引用	30.0	被論文引用数	30.0	エルゼビア（SCOPUS）指数
	教育の質	30.0	教育レベルの評判	15.0	世界の教員による評価
			博士授与数（対教員）	6.0	16,000人
			学生対教員比率	4.5	
			博士授与数（対学士）	2.25	
			外部収入（対教員）	2.25	
	国際性	7.5	留学生比率	2.5	国際的化と魅力
			外国人教員比率	2.5	
			国際共同研究比率	2.5	外国研究者との共著論文
	企業収入	2.5	企業提携による収入（対教員）	2.5	イノベーション，知識移転
QS（5項目）（6指標）	（研究力）	60.0			世界の教員による評価＋指標
	学術評価		研究レベルの評判	40.0	76,800人（3年）
	論文引用		被引用数（対教員）	20.0	エルゼビア（SCOPUS）指数
	（教育力）	30.0			
	教育評価		学生対教員比率	20.0	少人数を評価
	雇用評価		雇用者による評判	10.0	44,200人（5年）
	（国際力）	10.0			
	外国人比率		外国人教員比率	5.0	
			留学生比率	5.0	
上海（4項目）（6指標）	教育の質	30.0	有名賞受賞卒業生	10.0	ノーベル賞，フィールズ賞など
			有名賞受賞教員数	20.0	ノーベル賞，フィールズ賞など
	教員の質	40.0	高被引用科学者数	20.0	21分野，トムソンISI（HiCi）
			有名学術誌掲載数	20.0	ネーチャー，サイエンス
	研究成果	20.0	論文掲載数	20.0	トムソンISI指数（SCIE,SSCI）
	教員力	10.0	各指標合計割るFT教員	10.0	教員の生産性
U.S.ニューズ（12項目）	世界的研究	12.5	世界における研究評価		トムソン学術評判調査
	地域的研究	12.5	地域における研究評価		トムソン学術評判調査
	教員論文	10.0	大学の学術論文総数		トムソンWeb of Science
	学術本の出版	2.5	論文に代わる本の出版		科学，人文対策
	学術会議	2.5	論文に代わる会議抄録		工学，コンピュータ科学など
	被引用率	10.0	論文当たり引用数		トムソンInCities &HiCi
	全被引用論文数	7.5	大学の国際的影響力		被引用指数 X ランキング指標
	高被引用論文数	12.5	上位10%（個人）		各分野，トムソン指数
	高被引用論文率	12.5	上位10%（大学全体）		各分野，トムソン指数
	国際的共同研究	10.0	国際的共著の割合		国の共著率の比較
	博士号授与率	5.0	博士授与率（大学）		2013年
	教員授与率	5.0	博士授与率（教授）		2013年

出所：各ランキング機関のホームページ情報などを筆者が編集

ド・プラクティスの実施ガイドラインであるベルリン原則（「高等教育機関のランキングに関するベルリン原則」）が出された。ベルリン原則は16項目あり，主要な内容は，①大学ランキングが市場に基盤をおくことを認め政府，認証機関，独立評価機関の業務補完をする，②ランキング目的，対象などを明確化にし，③大学の多様性の認識とミッションや目的を考慮し，④情報源や調査範囲の透明性を高め，⑤言語，文化，経済および歴史的文脈を特定し，⑥ランキング手法やデザインの透明性，指標の関連性，妥当性，質保証の評価基準の適用などを具体的に決めた。大学ランキングの今後の発展のためにIREGは毎年IREG会議を開催し関係者との意見交換を行うとともに，優秀ランキング賞を出して業界の健全な発展に努めている。優秀ランキング賞は2011年に創設され，受賞したランキング機構は3年間IREG査証を使用できるが，機構表彰の第1号として2013年にQS，第2号として2014年にCHEランキングが受賞した。

　今後の方向として，世界大学ランキングは学生や大学などのユーザー，タイムズやQSのようなランキング機構，ユネスコ，OECDのような政府教育機関やIREGのようなNPO管理機関と地域連合の教育関係機関がお互いに緊密に協力しあって発展させる必要性がある。

第3部
世界大学ランキングにおける日本

　第2部までに，日本の大学の現状およびとりまく環境とその変化，世界大学ランキングの意義とメリット，世界大学ランキング機構の活動と特徴をみてきた。第3部では，世界における日本の大学の位置およびWCUになるための方策についてランキングを通して検討する。結論から先にいうと，依然，「日本の大学は教育，研究レベルで世界のトップクラスにあり社会科学，自然科学の分野で一流国」である。特に，自然科学の分野では欧米先進国に次いで多いノーベル賞受賞者を輩出してきた。しかし残念ながら，「日本の大学の総合評価は欧米に比べて低い」。特に国際的な被論文引用数や国際共同研究に劣り，学生，教員の国際性評価も低くアジアの大学に負けている。そのため学術評価はよいが，総合評価では上位20位に入れないのが現状である。最近は，特に欧米上位校の競争力強化とアジア新興国の大学の追い上げの「サンドイッチ現象」に苦しんでいる。

　また，ランクインしている大学の国立，私立大学のバランスが悪く，上位にランクインしている大学はほとんど国立大学（あるいは一部の公立）で，私立大学が少ないのも特徴である。タイムズランキングでトップ200には国立大学が2校入っているが私立は1校も入らず，800校全体でも日本の大学が41校入っているが上位はほとんど国立大学（および公立大学）で，私立では慶應義塾大学が501-600位，早稲田大学を含む6校が601-800位であった。

　私立大学は，短大を含めると大学全体の約8割を占めるが，国からの予算や補助金も少なく医学，理工，自然科学系の学部が少ないことも理由にあるが，いかにもバランスが悪い。1990年初頭から経済の「失われた20年」が始まったが，その裏で日本の高等教育の「失われた20年」も始まっていたのである。「実力がありながら世界に届いていない日本の大学」の現状を次章では研究する。

第1章　世界上位校の壁に苦しむ日本の大学

　日本の高等教育関係者は，一般的に「日本の高等教育は世界一流で世界大学ランキングの20位に入れないのはランキングがおかしい」と思っている人が多い。たしかに，江戸時代から日本の教育の優秀性と識字率の高さは有名であった。また，明治維新をきっかけにアジアで最初に西洋化し，驚異的なスピードで西洋の知識の吸収と日本語化をはかり，科学の発展と高度経済成長を実現した国である。しかし，江戸幕府の長い鎖国政策，維新後の軍国主義，第二次世界大戦の敗戦が高等教育の進化とグローバリゼーションを遅らせたのは事実である。また，大学の改革も，西洋知識を初めて世界に求めた第1次改革（1868年の「五箇条の御誓文」発布），米国型の民主主義に基づく第2次改革（1947年の教育基本法・学校教育法，6・3・3制，教育委員会制度，学習指導要領の整備）以降，それに匹敵するような大きな改革はなかった。

　1964年の東京オリンピック，1970年の日本万国博覧会をきっかけとして1970年代からグローバル競争が激化しはじめ，グローバル化，多様化を意識した教育改革が始まった。中曽根内閣の臨時教育審議会（臨教審），小渕内閣，森内閣の教育改革国民会議，2001年に統合された中央教育審議会（中教審）などで議論された。1980年代から「アメリカの教育学でワールドシステム論」がはやり世界教育のアメリカ化が始まった（天野郁夫『大学改革を問い直す』慶應義塾出版会，2013）。日本で世界的な競争を意識した改革が始まったのは，2006年の第一次安倍内閣の60年ぶりの教育基本法改正で，2012年末の政権交代で第二次安倍内閣がランキングも含む高等教育改革「教育再生改革」に着手した。日本は1980年代のバブル期で中間層教育と大学大衆化に偏りすぎ，世界を本格的に意識したエリート教育精神が後退したため大学がレジャーランド化し，また，政府や大学関係者が世界の高等教育発展の変化とスピードを予想できなかったことは惜しまれる。

　特に，1990年代前半のバブル崩壊によって経済改革と産業政策が優先され高等教育改革に財政が回らず，研究・教育，国際化に遅れてしまった。その後も

経済停滞が続き，バブル崩壊後の20年間に至る経済停滞いわゆる「失われた20年」で高等教育の改革を支援する財政資源が不足し，思い切った教育改革ができなかった。いっぽう，1980年代にユニバーサル時代を迎えた欧米大学は大胆な改革を進め，1990年代に経済発展とともに高等教育を国家の優先プロジェクトにしたシンガポール，香港，中国，韓国などの新興国がアジアのトップクラス校として日本を追い上げてきた。第2新興国であるBRICS，ラテンアメリカ，MENA（中近東・アフリカ）なども人材育成の国家プロジェクトとしてランキングを利用して国際的競争に参入し，日本は四面楚歌の状況ある。

このような状況のなかで，2012年12月に登場した自民党・安倍政権は，経済再建だけでなく教育を含めた日本再建の重要性を認識していた。翌年に日本経済再生と復興をスローガンにあげ「日本再興戦略—Japan is back」を閣議決定し，そのなかでさらなる技術発展や成長を実現するために世界の学術，産業分野で活躍するグローバル人材養成のための改革を打ち上げた。「今後10年間で世界ランキングトップ100以内に10校以上入れる」とわかりやすいスローガンを掲げて世界大学ランキング入りの決意表明をした。この政府の決定は外国にも伝わり，今までいろいろな国際会議で先進国から「日本は何をやっているのか？」と言われ続けてきたわれわれを安堵させた。しかし，タイミングとして日本にとってぎりぎりの決定であった。目標達成は現状では厳しく，確実に成果をあげるためには各大学の覚悟と相当の決意が必要である。以下，現状をみてみよう。

1．上位校は3分の2以上が欧米で占められている

2015年のタイムズランキングをみると，欧米の優秀大学が世界ランキングの約65％を独占している。タイムズはランク校を400校から倍の800校に増やし，データ会社もトムソン・ローターからエルゼビアに変更したため昨年度とは単純に比較できないが，競争が激化しパーセンテージでみると欧米のシェアは約10％落ちている。今回のランキングでは，全体的な傾向として欧州と中国を中心とするアジアの躍進，中近東・アフリカの台頭，米国の伸び悩みに特徴づけられる。

■ 800校の地域・国別分布 ■
（タイムズランキング　2015－16）

地　域	総校数	主要国名（校数）
北　米	174	アメリカ（147）カナダ（25）
南　米	27	ブラジル（17）チリ（6）メキシコ（2）
欧　州	345	イギリス（78）ドイツ（37）イタリア（34）フランス（27）スペイン（25）オランダ（13）ロシア（13）スウェーデン（11）スイス（10）アイルランド（9）チェコ（9）フィンランド（9）ベルギー（7）デンマーク（6）ポーランド（7）ハンガリー（6）
アジア	203	日本（41）中国（37）韓国（24）台湾（24）インド（17）タイ（7）香港（6）マレーシア（5）
大洋州	38	オーストラリア（31）ニュージランド（7）
アフリカ	14	南アフリカ（6）
中近東		トルコ（11）イスラエル（6）サウジアラビア（3）エジプト（3）UAE（2）
合計	801	

出所：「THE World University Rankings　2015－16」THEホームページ
(1)　中近東の総校数は表になくアジア，欧州に入れた模様
(2)　国名は主な国名

　タイムズランキングの上位800校の地域構成を具体的に分析すると北米は174校（全体の21.7％），欧州が345校（43％），アジアが203校（25.3％）であった。伸び率をみるとアジアが3倍，欧州が2倍，北米も米国も1.4倍で教育批評家が，この結果をもって米国の「衰退のサイン」が見えはじめたというのは無理もない。しかし，これは全体の話で，トップ校の活躍ぶりをみるとこの批評は正しいといえないだろう。データベースのスコーパス（エルゼビア）は，非英語圏の検索範囲が広く英語以外の論文数も多いので論文数や被引用数にアジア圏などに優位に働いたとも考えられる。

　各地域のランクイン内容を国のパフォーマンスでみると，ランク数が400校から800校へと2倍になったため異変が起こっていることは確かだ。北米では米国が147校（2014年は108校）と他地域と比べてあまり伸びていないが，欧州，アジアでは新しい大学が大量にランクインした。欧州では英国が強く78校

(45校)，次いでドイツ37校（28校），イタリア34校（17校），フランス27校（11校），スペイン25校(6)などの国が大きく伸びた。アジアでは日本と中国が強く，日本が41校（12校），中国が37校（11校），韓国が24校（8校）とランク校が一挙に拡大したが下位，特に500位以降に広がったことによる。中近東ではトルコが今年11校ランクインしたことが目立つ。

2．上位校は固定しはじめている

各ランキングの上位校は欧米が独占し，しかも固定している。2014－15年度の各世界ランキング会社の上位10校を比較すると，過去10年間下位に多少変動がみられるが，アングロサクソン（英米）系大学が圧倒的に強く固定していることがわかる。伝統と実績に加えて，トップを維持するための大学の不断の努力と戦略性がうかがわれる。各ランキングの1位をみると，タイムズはカルテック，QSはMIT，上海とU.S.ニューズはハーバードである。米国の友人が「1位の大学のカフェテリアに行けばノーベル賞をとった学者が多く，一緒に昼食を食べられるよ」と言っていた。過去5年間の上位3位に絞ってみるとタイムズが1位カルテック，2位ハーバード，3位スタンフォードとオックスフォード，QSでは1位MIT，2位ハーバード，3位ケンブリッジ，インペリアルと英国勢が顔を出し，上海では過去5年間1位ハーバード，2位スタンフォード，3位MITが多く，今年から始まったU.S.ニューズは1位ハーバード，2位MIT，3位スタンフォードと米国勢が独占している。

それぞれ評価方針やメソドロジー（調査方法）がちがうので特色が出る。タイムズ，QSは英国，上海は中国，U.S.ニューズは米国の会社ということも多少頭に入れてみる必要がある。過去5年間の上位5位の順位の変遷をみると，各ランキングの傾向と変遷がよくわかる。タイムズは2010年まで1位はハーバードであったが，研究内容に点数を多くしたためその翌年からカルテックに変わったあとは，今年を含み過去5年間カルテックである。QSは2011年までケンブリッジが1位であったが，2012年から今年までの3年間はケンブリッジからMITに代わり，2位以下の米国勢はハーバード，エールだけである。市民の大学として出発した公立大学のUCLやインペリアル[47]がオックスフォ

■ 世界大学ランキング推移（各ランキング上位5校比較）■
（上位校の固定化）

ランキング	年度	第1位	第2位	第3位	第4位	第5位
タイムズ	2010	ハーバード	カルテック	MIT	スタンフォード	プリンストン
	2011	カルテック	ハーバード	スタンフォード	オックスフォード	プリンストン
	2012	カルテック	スタンフォード	オックスフォード	ハーバード	MIT
	2013	カルテック	ハーバード	オックスフォード	スタンフォード	MIT
	2014	カルテック	ハーバード	オックスフォード	スタンフォード	ケンブリッジ
	2015	カルテック	オックスフォード	スタンフォード	ケンブリッジ	MIT
QS	2010	ケンブリッジ	ハーバード	エール	UCL	MIT
	2011	ケンブリッジ	ハーバード	MIT	エール	オックスフォード
	2012	MIT	ケンブリッジ	ハーバード	UCL	オックスフォード
	2013	MIT	ハーバード	ケンブリッジ	UCL	インペリアル
	2014	MIT	ケンブリッジ	インペリアル	ハーバード	オックスフォード
	2015	MIT	ハーバード	ケンブリッジ	スタンフォード	カルテック
上海	2010	ハーバード	バークレー	スタンフォード	MIT	ケンブリッジ
	2011	ハーバード	スタンフォード	MIT	バークレー	ケンブリッジ
	2012	ハーバード	スタンフォード	MIT	バークレー	ケンブリッジ
	2013	ハーバード	スタンフォード	バークレー	MIT	ケンブリッジ
	2014	ハーバード	スタンフォード	MIT	バークレー	ケンブリッジ
	2015	ハーバード	スタンフォード	MIT	バークレー	ケンブリッジ
U.S.ニューズ	2015	ハーバード	MIT	バークレー	スタンフォード	オックスフォード
	2016	ハーバード	MIT	バークレー	スタンフォード	オックスフォード
（参考）						
THE＝QS	2004	ハーバード	バークレー	MIT	カルテック	オックスフォード
上海	2004	ハーバード	スタンフォード	ケンブリッジ	バークレー	MIT

出所：各ランキングを筆者が編集
注：THE＝QS：2004−09年は両者の共同発表
　　上海2004：1）上海は2003年から開始したが本格的開始は2004年
　　　　　　　2）上海とTHE＝QSを同年で比較するため

■ 上位100校主要大学ランキング2015-16 ■

校　名	国　名	2015-16				2004
		タイムズ	QS	上海	USN	THE=QS
カルテック	米国	1	5	7	7	4
オックスフォード	英国	2	6	10	5	5
スタンフォード	米国	3	4	2	4	7
ケンブリッジ	英国	4	3	5	6	6
MIT	米国	5	1	3	2	3
ハーバード	米国	6	2	1	1	1
プリンストン	米国	7	11	6	13	9
インペリアル	英国	8	8	23	18	14
ETZ（チューリッヒ）	スイス	9	9	20	12	10
シカゴ	米国	10	10	9	10	13
ジョンズホプキンス	米国	11	16	16	12	25
エール	米国	12	15	11	15	8
UCバークレー	米国	13	26	4	3	2
UCL	英国	14	7	18	22	34
コロンビア	米国	15	22	8	9	19
UCLA	米国	16	27	12	8	26
シンガポール国立	シンガポール	26	12	101-150	55	18
北京大学	中国	42	41	101-150	39	17
東　大	日本	43	39	21	24	12
香港大学	香港	44	28	151-200	42	39
台湾国立大学	台湾	55	13	151-200	205	102
ソウル大学	韓国	85	36	101-150	72	119
京　大	日本	88	38	26	60	29

出所：各ランキングを筆者が編集
注：1）アジアはタイムズで京大以上のランクに入った校名各国一校を記述
　　2）欧米などのランキングはタイムズの16位まで基準

> 47）インペリアル・カレッジ・ロンドン：日本人にはあまりなじみがないがオックスフォード，ケンブリッジとならぶ英国名門理系大学（工学，理学，医学）。ロンドン大学の理系大学として1907年に設立されたが，創立100周年にあたる2007年7月に独立して，2002年から Imperial College London，通称インペリアルと呼ばれている。過去に16名のノーベル賞受賞者，2名のフィールズ賞受賞者を輩出，2005年から東京医科歯科大学と医学部学生の交換留学を始めた。

ドの上位にきているのも特徴である。

　上海ランキングの順位は，長年ノーベル賞や研究成果の多いハーバードが2010－15まで連続1位で，2位はスタンフォード，3－4位はほとんどMITとカルフォルニア大学（バークレー），5位はケンブリッジと固定している。上海ランキングの英国勢では，ケンブリッジのライバル，オックスフォードが9－10位と水をあけられていることが目立つ。

　U.S.ニューズでは1位ハーバード，以下MIT，バークレー，スタンフォードと米国勢が上位4位を占め5位に初めて英国勢のオックスフォードが顔を出している。上位4校までは米国のランキングでも常連校であり多分に米国的評価が出ていることが特徴である。

　表でわかるように，世界大学ランキング上位グループは固定していて，いくつかのグループに分かれている。ハーバード，カルテック，MITの米国勢とオックスフォード，ケンブリッジなどの英国勢が上位10までの第1グループを形成し，10位以下の第2グループは一部重なるが過去上位10位に顔を出したあるいは現在でも単発的に顔を出すグループである。シカゴ，コロンビア，UCLA，ジョンズホプキンスなどの米国系と並び，タイムズでもQSでも今年の9位にスイスのETZが入ったが驚くに当たらない。ETZは，すでにランキングが始まった2004年にタイムズ＝QSランキングで9位だった。英国では伊藤博文も学んだ研究型大学UCL（英国）などが続いている。このなかでもシカゴ大学は各ランキングで9－11位を行き来しており第1グループと第2グループのボーダー校的存在である。

3．新興勢力の厳しい追い上げ

　世界大学ランキング上位100校のランキングをみるかぎりでは，アジアの大学の存在感はまだ低い。しかし，新興国の存在は年々大きくなっていて，タイムズランキングでは総校数の4分の1，QSランキングでは総校数の5分の1を占めるようになった。アジアの大学を50－100位以内の範囲でみると，タイムズランキングでは50位以内にアジアで6校（東大，シンガポール国立大，香港大，北京大，精華大，ソウル大），100位以内に上記以外で5校（香港科技

大，KAIST，京大，南洋工科大，POSTECH）と合計計11校であった。QSでは50位以内に9校（シンガポール国立大，香港大，東大，ソウル大，京大，南洋工科大，香港科技大，香港中文大，精華大）で100位以内では上記以外に8校（KAIST，阪大，北京大，東工大，東北大，復坦大，台湾国立大，POSTECH）で計17校とタイムズと同じような傾向を示している。ノーベル賞受賞者数などの基準のある上海ランキングはアジア50位内も100位以内も日本だけで，50位以内は日本が2校（東大，京大），100位以内は3校（阪大）と厳しく，米国の大学が多いU.S.ニューズにいたってはアジア50位以内は3校（東大，北京大，香港大）で，ほかのアジア勢は圏外である。

　しかし，経済成長と国家戦略により100位以下でのアジアの大学の躍進ぶりは著しい。アジア勢は上位400位以内の15－20％を占め，欧米に次ぐ高いシェアをもつようになった。日本の東大や京大などが上位校を独占していたが，最近では香港，シンガポール，中国，韓国などのアジアの大学に抜かれはじめた。東大はタイムズ，U.S.ニューズではアジアの首位を占めているが，QSでは2010年に香港大に，2012年にシンガポール大に抜かれた。京大をはじめ日本の大学が欧米先進国の上位校固定化や激しい競争と発展途上国の躍進にはさまれ順位を落としはじめたのである。2004年の12位から10年後の2014年迄タイムズ＝QSがランキングを始めた東大はタイムズ，上海，USNで1位をかろうじて保ったものの2位以下との距離は縮小し，QS世界ランキングではシンガポール大，香港大についで3位に落ちている。

　このような状況のなかで，2015年6月に発表されたタイムズのアジア大学ランキング版（中東を含む）で心配していたことが現実となった。タイムズのアジア大学ランキング（THE Asia University Rankings2015）は，2014年末発表された世界大学ランキングに中近東などを入れて拡大，再編集したアジア版である。そのアジア版で東大は3年連続トップ維持したが，上位100位に入った大学総数で日本が中国に初めて逆転されたのである。日本の大学総数は昨年より1校少ない19校で中国の大学数は21校であった。トップ10には1位の東大，以下はシンガポール国立大，香港大，北京大，精華大，ソウル大など日本，シ

ンガポール，香港，中国，韓国が2校ずつランクインした。

　同日にタイムズのライバルであるQSアジアランキング2015（QS University Rankings：Asia2015）が発表されたが，内容はさらに衝撃であった。QSアジア大学ランキング（2015）は世界大学ランキング2014年度版をベースに，今年拡大，再編集版として発表されたが，総合版であるQS世界大学ランキングの評価項目が修正されていて国際化の比重が高く日本には不利な評価になっている。アジアランキング2015では，1位は東大ではなくシンガポール国立大で，以下香港大，KAIST（韓国），南洋工科大（シンガポール），香港科技大とつづき，トップ10にはシンガポール2校，香港4校，韓国3校，中国1校で構成されている。東大は12位，阪大が13位，京大が14位，東工大が15位，東北大が20位となっている。

　QSアジア大学ランキングで特筆すべきは，東大が初めてトップ10からはずれ，また阪大が初めて0.2ポイントの差で京大を抜いたことであり，総合ランキングではないとしても関係者には驚きであった。トップ100のうち日本の大学数は19校とタイムズと同じであるが，中国の大学数29校に負けている。東大の敗因はこの地域ランキングは評価方法が異なり研究（引用，論文），雇用主評判ポイントは高いが論文数，教員・留学生比率の国際性のポイントが低かった。京大が阪大に負けたのは，阪大が世界大学ランキング向上戦略「3位ではだめ」のスローガンを掲げ，学長以下広報，提出書類など戦略的積極戦略をとったことが勝因である。

　アジア以外の地域でも欧州ではスカンジナビア諸国のような北欧，オーストリア，ポーランド，チェコなどの中欧，大国ロシアなどが順位を上げていて，太平洋地域では豪州，ニュージーランド，アジアでは日・中・韓・香港，シンガポール，台湾以外にタイ，インドネシア，フィリピンなどアセアン諸国，インドをはじめ広範囲なアジア地域，豪州，南米などがランク校を増加させている。最近ではサウジアラビア，トルコ，エジプト，UAE，レバノン，モロッコなどの中近東アフリカ地域，ブラジル，コロンビアなどの南アメリカの活動が活発である。日本の競争相手はアジアだけでなく，これらの国々が入り混

■ アジアの大学上位200位ランキング 2015－16 ■
（トップをめぐる激しい戦い）

タイムズ		QS		上海		U.S.ニューズ	
順位	大学名	順位	大学名	順位	大学名	順位	大学名
26	NUS	12	NUS	21	東　大●	24	東　大●
42	北京大	13	南洋理工大	26	京　大●	39	北京大
43	東　大●	25	精華大	77	名　大●	42	香港大
44	香港大	28	香港科技大	85	阪　大●	55	NUS
47	精華大	30	香港大	101—150	NUS	60	京　大●
55	南洋理工大	36	ソウル大		北京大	67	精華大
59	香港科技大	38	京　大●		ソウル大	72	ソウル大
85	ソウル大	39	東　大●		上海交通大	105	国立台湾大
88	京　大●	41	北京大		東北大●	108	復旦大
116	POSTECH	43	KAIST		精華大	111	阪　大●
138	香港中文大	51	香港中文大		浙江大学	118	香港中文大
148	KAIST	51	復旦大	151—200	復旦大	125	南洋理工大
153	成均館大	56	東工大●		北　大●	128	浙江大学
167	国立台湾大	57	香港市立大		南洋理工大	129	香港科技大
		58	阪　大●		国立台湾大	129	東北大●
		70	国立台湾大		中山大	143	中国科技大
		70	上海交通大		香港中文大	148	上海交通大
		74	東北大●		香港大	157	高麗大
		87	POSTECH		東工大●	164	東工大●
		104	高麗大		中国科技大	167	名　大●
		105	延世大			173	POSTECH
		110	浙江大学			179	KAIST
		113	中国科技大			185	南京大
		116	香港ポリテク				
		118	成均館大				
		120	名　大●				
		130	南京大				
		139	北　大●				
		142	九　大●				
		146	マラヤ大				
		147	IISC（バンガロール）				
		155	国立精華大				
		179	IITD（デリ）				
		182	国立交通大				
		193	漢陽大				
	〈日本　2校〉		〈日本　8校〉		〈日本　7校〉		〈日本　6校〉

出所：各ランキング最新統合ランキングを筆者が編集（タイムズ2015.10，QS2015.9，U.S.ニューズ2015.10）

略称：NUS（シンガポール国立大），KAIST（韓国技術科学院），POSTECH（浦項工科大学校），IISC（インド理科大学院），IITD（インド理工学院），IISC（インド理科大学院），●印は日本の大学

じって国際的な競争が始まっているのである。

第2章　ワールドクラス・ユニバーシティ（WCU）になるためには

かつて世界の一流校（WCU）といえば，古くはイタリアのボローニャ大学，フランスのソルボンヌ大学，ドイツのフンボルト大学，近代では英国のオックスブリッジ，米国のハーバード，エール大学が属する東部のアイビーリーグなどの伝統のあるエリート大学を意味した。これらの大学は伝統的な法学，神学，医学，哲学などから発展して実践的な社会科学，自然科学の分野へ発展し国家や世界をリードするリーダーを輩出し世界に影響を及ぼした。しかし，現代の大学評価は伝統的な分野を継続しつつ国家や世界の発展に寄与する実践的な研究，教育，国際性の成果および総合力に重点をおいている。

2004年から始まった世界大学ランキングでも，歴史や伝統のある大学と新しい大学が混在している。米国では伝統のあるハーバードやエール大学を筆頭とするアイビーリーグと比較的新しい研究大学のカルテック，MIT，バークレー，英国ではオックスブリッジと公立の研究大学インペリアル，UCLなどがランキングという土俵で研究，教育，国際性などの特色を競い合っている。現代では大学に対する社会的要請も変化し，大学の評価はもはや単に大学の自治，歴史や伝統でははかれなくなった。それぞれの国家に貢献するだけでなく，世界に貢献する研究や教育，人材育成，イノベーション，知的移転，地域貢献が問われている。世界には約1万8000の大学があるといわれているが大学はグローバル化によって国際間での競争が激しくなっている。

その結果として，将来の発展をめざす優秀な教員や留学生の獲得のための「タレント獲得競争（War for Talent））」，量的拡大を狙う「人材市場拡大競争」（War for Market Share），各国政府の新技術開発を狙う「革新戦争（War for Innovation）」，国際化のレベルを争う「グローバリゼーション能力競争（War for Globalisation Competence）」などが同時におこり，高等教育界における世界的規模での大競争時代（Megacompetition）時代に突入した。くり返しいう

が，世界大学ランキングの上位に入り世界の一流大学に仲間入りすることのメリットは大きい。世界大学ランキングの上位校は「ワールドクラス・ユニバーシティ（WCU）」と呼ばれ，多くの国で国家戦略や地域戦略の責任を担い政府，研究機関，企業の補助金を受けて世界的規模の発展に貢献している。人的資源である学生も，国内だけでなく世界から優秀な学生を多く採用する時代になった。それらの学生たちが卒業後にもその国に残り，企業や研究所で働きイノベーションを起こし国家に貢献するポジティブスパイラルを形成している。米英国はまさに全世界から優秀な留学生を集めて国の繁栄を実現するというサクセスモデルをつくって成功している。

　WCU 大学は，簡単にいえば「教育や研究にすぐれ世界的に名の知れた大学」だが，その内容はもっと深い。筆者は，大学の社会的意義と競争力を含めて WCU の定義を**「研究，教育，国際性，イノベーション，社会貢献活動に世界的な実績があり，母国だけでなく世界の科学技術と高等教育の発展に貢献するグローバル人材を養成する世界ランキング100位以内の著名大学」**としている。WCU 大学になる道は簡単でない。なぜならば WCU は大学だけでなく国の強い意思と革新力が問われ，ほかの国から尊敬される実績を上げなければならない。WCU 大学は明確な使命（ミッション）をもち短期的には数値目標（ターゲット）を掲げ学長の強いリーダシップのもとに全学一体となって大学の質を世界的レベルに高めなければならない。ランキングは，その目的達成のための最も有効な手段の１つである。また，目標実現のためにはあらゆる機会を利用して世界の高等教育関係者とネットワークを強化し，大学ブランドや実績を認知させるとともに最新情報を取得し優秀な教員を獲得しなければならない。

　各ランキング機構は大学界に健全で公平な競争環境を提供し，常に改善していかねばならない社会的責任をもつ。また，ランキング関係者は定期的に世界の教育関係者を集めた国際会議を開催し情報交換や交流の場所を提供しているが，なるべく多くの大学が参加しランキング情報や手法を公開し透明性を高めることが必要である。大学も各ランキング機構の主催するイベントに参加して

意見交流，研究発表，セミナー，学術交流会などを通じてランキングのレベルを高めるべきである。特に，このようなイベント参加する日本の大学は少ないが，中国，韓国，台湾をはじめアジアの大学は非常に積極的である。

各ランキング機構がWCU大学実現のために主催する会議も多い。コストとスケジュールの関係があるので多く参加はできないだろうが，それでも積極的に参加すべきである。上海交通大学は，2004年以来2年に一度「ワールドクラス・ユニバーシティ・コンファレンス（WCU）」を開催し，QSは国際教育者会議の先駆者で毎年「学長会議」や地域別の「国際教育者会議」を開催している。たとえば，アジア・パシフィック地域では「QS-APPLE」，中近東・アフリカ地域では「QS-MAPLE」，タイムズは2，3年前から「ワールド・アカデミックサミット（THE World Academic Summit）」を開催してランキングの上位に入るためにはどのように対処するかだけでなく，高等教育の課題について世界の代表者との意見交換をしている。2015年の10月のタイムズサミットに参加したが世界のトップクラスの教育関係者が集まっていた。残念ながら，日本からの参加は5校ほどであった。

それでは，「どうしたら世界ランキング上位に入れるか」を今まで展開した議論をベースに考えて，以下の7つの提言を述べて第3部をまとめたい。

```
《WCUへの道7つの提言》
1．ランキングに入る覚悟を決めよ
2．世界標準のグローバリゼーションをねらえ
3．明確な数値目標と学長の強いリーダシップをもて
4．エキスパートの登用と専属部隊をおけ
5．大学のブランドを強化せよ
6．ステークホルダーとの協力関係を強化せよ
7．戦略的な指標分析を行うべし
```

1．ランキングに入る覚悟を決める

ランキングに入るために最も大事なことは，「ランキングに入る覚悟」である。しかし，筆者の経験上この第一歩である覚悟を決めることが一番むずかしい。なぜなら，まだ多くの大学と大学関係者が心のどこかで「大学には競争は

必要ない」と思っているからである。元来の肉食文化と草食文化などといった文化のちがいもあるが、現実の世界はまったく逆方向に動いている。欧米では「大学は国の発展のための公的機関で大学間の公正な競争に参加し、その成果について世間の評価を受けるのは当然である」という意見が強い。したがって、世界の高等教育の現状を正しく、かつ厳しく認識し競争社会への「ルビコン河」を渡る決心をする必要がある。河を渡ったら戦略や計画をスピードもって実践し、そして大学をあげて目標を追求する。学長はもとより執行部、国際関係の教員、事務員だけでなく大学の総意としての固い決意が求められる。

　島国である日本のグローバル化がむずかしいことは、キリスト教禁止令、鎖国政策、明治維新、過去2度の世界大戦、外国渡航者の少なさなどで明らかである。また、日本ではグローバル派とナショナリスト派に分かれると大体において4対6でナショナリスト派が勝つ傾向があり、グローバル派が勝つときは外部の圧力によることが多い。そういう意味では、外国生まれの大学ランキングが日本に根付くことは並大抵のことではない。最近でも前文科相が「護送船団方式では世界に負ける」[48]と明言したが、いまだに「学問にランクづけなどできない」「外国の決めた評価システムはまちがっている」といって反対論を唱える人が多い。ランキングレースに参加しても、ランクインできないと「医学部をもっている大学には勝てない」「国際に特化した学校にはかなわない」などと言い訳が多いが、各ランキング表で明らかのように言い訳をしている間に日本の大学のランキングはどんどん下がっている。

　日本の意向とは別に、日本をとりまく世界の大学環境は確実にランキングのグローバル化に向かっている。世界ではランキングが急速に定着化し、政府、企業、研究機関の評価尺度に使われて大学の補助金や寄付金の指標になり、外国の大学が提携校や共同研究校を決めるときの判断材料や学生、父兄などの大学志望校選択に使われている。日本が優秀な学生を欧米に取られるのは、世界ランキングが普及していなからともいえる。ある国際会議で筆者に外国大学の関係者が、「地域をまたがった大学リーグをつくるときには、まず日本抜きで

[48]『中央公論』2014年2月号

リーグを組んでそれからレベルに見合う日本のトップ校に声をかける」と言っていた。日本人を入れると，反対派が多く会議がまとまらないからだ。これはまさに，日本の大学の内向き性質をよく理解した発言である。

　日本政府が本格的に大学改革に覚悟を決めたのは，小泉内閣（2001－2006）のときである。活力に富み国際競争力のある国公私立大学づくりのための構造改革を進め，特に国立大学中心に，①大胆な再編・統合の促進，②民間的発想の経営手法導入，③第三者評価による競争原理を進める施策が出された。2002年には国立大学法人化法が閣議決定され，2004年に国立大学は法人に移動した[49]。ここまではよかったのだが，その後，政権の交代がはげしく世界に目を向けたフォローがなかった。2012年に誕生した第2次安倍内閣が覚悟を決めスピードをもって本格的に大学改革と国際化に手をつけた。大学教育再生を成長戦略「日本再興戦略」の最重要テーマの1つとして掲げ，具体的な目標として「世界大学トップ100に10校ランクイン」「成長力向上のための大学改革・イノベーション」などの政策を積極的に促進した。初めて数値目標を入れた教育政策が出され，2014年には巨費を投じた10年計画「スーパーグローバル大学（SGU）」で37大学が採択された。このプログラムは各大学の国際化指標（外国人教員数，外国人留学生数，日本人学部学生留学経験者数，学部外国語授業科目数など）を要求した画期的な計画表に基づく選考であった。

　ついで文科省は，全国に86校ある国立大学の機能強化を目標に「国立大学3分類政策」を打ち上げた。国立大学を「世界最高水準の教育研究型」「特定分野で世界的研究」「地域活性化の中核」の3分類に申告させ結果による運営交付金の傾斜分配を決めた。2016年から始まる中期計画の一環で，目的は各大学の強み・特色の強化，グローバル化，イノベーション創出，人材養成機能の強化があげられているが，運営交付金（2014年度1兆1123億円）の有効配分と世界標準のWCUを狙う意図があることは明らかである。

　また，社会の変化に応じるべく，国立大学の組織見直しの一環で有効に機能していない教員養成系（ゼロ免課程），人文社会科学系学部（過度に細分化し

▎49）文部科学省発令（2001年6月付）「大学（国立大学）の構造改革の方針」

た文学部，法学部，経済学部など）の廃止や転換通達要請が出された。国立大学の長期的な組織改革は認めるものの，社会の「批判知」を育成する人文社会科学科目の見直しを具体的に迫ったことで，国立大学協会や日本学術会議などから批判がでている。国立大学にとって待ったなしの改革が求められている。小泉内閣以来の懸案事項でもあり，文科相の「自己改革を求めない大学は国立でも潰れる」[50]との強い懸念からの行動であった。世界大学ランキングは競争力強化の有効な手段と認められたので，それなりの覚悟が必要になったのである。

そのほか文科省は，2015年から人文社会科学から自然科学までの学術研究支援補助金である「科学研究費補助金（科研費）」を大学の基盤経費である運営費交付金との一体化改革見直しに手をつけた。すでに，2015年度の補助金から各大学の法科大学院（国立・私立52校）の補助金を司法試験合格率，教育カリキュラムなどで評価して35％増から50％減の幅で差をつけて配布することは決定している。政府の大学改革は財政問題もあり，国立大学を中心として私立大学の波及を狙う形で政策を加速的に進めている。2013年には入り口である入試改革に手をつけ，1979年以来全国的に実施されている大学入試センター試験（旧共通一次試験）を2020年に新たな共通テストである「達成度テスト（仮称）」[51]として導入することが検討されている。30年ぶりの大改革で一発勝負，知識偏重から複数回受験，段階的評価，人物本位の共通試験に変えることによって新たな知の創造とグローバル人材の養成を狙う。

振り返れば，日本は，1990年代初めの大学設置基準や学部再編の緩和以来国立大学法人化，教育関連法改定による大学裁量権拡大，外部者経営参加，学長権限の強化など「大学のガバナンス」を着実に推進してきた。2015年は文科省

50)「強い大学特集」『エコノミスト』2014年8月5日号
51)「達成度テスト」は発展的と基礎的テストがあり，発展的テストはセンター試験に代わるもので，センター試験科目より少なく英語はTOEFLなど外部試験も可とする予定。5－10段階の到達度レベルに分類され高3の1月を軸に数回実施，基礎テストは5段階，参加希望型でAO，推薦入学の学力証明利用を目的としたテストで国，数，英を必修科目とし高2夏ごろ実施し高3受験も可。

の第2期中期目標期間の最後の年で，改革加速期間の最後の年に当たる。2016年からの第3期中期目標に備えてグローバル化，ミッション再定義による機能強化，自立化強化により世界最高の教育レベルの実現，世界トップレベルで全国的な研究拠点の形成，地域活性化の中核拠点形成に向かって新しい計画が練られている。ポテンシャルのある日本の大学の改革を世界は待っている。あとはまず国公立大学が覚悟を決めて世界水準に挑戦する覚悟を決めるのみである。

2．世界標準のグローバリゼーションをねらう

大学のグローバル化は，教育，研究と国際性を世界レベルに上げ，世界標準の質と通用性を実現することである。国内基準に基づく内からの改革「内発的改革」と世界の基準に基づく外からの改革「外発的改革」を同時に行わないと実現できない。日本は長い間大学評価の基準を国内大学の偏差値に求め，内発的改革を尊重してきたために世界的な評価が伴わなかった。したがって，日本人が大学のグローバリゼーションというとき「日本型グローバリゼーション」と「世界型グローバリゼーション」があり，その間に大きなギャップがあった。最近では，文科省の積極的な政策もあり，この差は縮小しているが十分ではない。

世界型のグローバル化を実現するためには改革が必要である。文科省はスーパーグローバル校選定などの補助金による競争とともに，さらに教育研究改革を進め，特に国立大学の基本財政収入である運営費交付金を本格的に重点配分することを決めた。運営費交付金の金額は，国立大学の主な収入の約4割（競争資金を入れると5割）を占めているので，この改革は死活問題である。文科省は今まで運営交付金を主に大学の規模によって一律に割り当てていたが，長年の経済停滞で財政が逼迫し，2014年度から，まず大学組織や研究開発に実績があり抜本的な構想を提案した18国立大学[52]を選び運営交付金の重点配分を

---

52) 重点配分校は秋田大学，福島大学，筑波大学，群馬大学，東京大学，一橋大学，東京医科歯科大学，東京工業大学，名古屋大学，福井大学，京都大学，九州大学，長崎大学．

開始した。

　ついで，世界標準型のグローバリゼーションの本格的開始を第3次中期目標の開始年である2016年にあわせた。財源の有効活用のために，全国に86ある国立大学を機能別に3種類に分類し，内容と結果によって傾斜分配する競争原理を導入した。各大学が自主的に，①世界の大学と伍して世界最高水準の教育・研究を行う「世界水準型」，②特定分野で世界的な教育・研究を行う「特定分野型」，③地域活性化の中核を担う教育・研究を行う「地域貢献型」の3つのタイプを選んで申告し，文科省がパーフォーマンス結果を評価するシステムである。『読売新聞』[53]のアンケートによると，回答した81校のうち世界水準型校は15校，特定分野型校は12校，地方貢献型は54校であった。文科省は日本の大学競争力が低下したことを懸念し大学に目標設定，覚悟と実施を迫った。また，最大の競争資金で人文社会科学から自然科学までの学術研究支援をする「科学研究費補助金（科研費）」（214年度で2000億円）も改革し，分野融合分野を新設，そのほかイノベーション促進のための学長裁量経費の拡大，企業提携と卓越性のある研究者インターン，寄付金勢控除施策など抜本的な改革を予定している。

　各ランキングでの結果が示すように，日本の大学は危機的状況にある。元慶應義塾大学学長で現在日本学術振興会理事長の安西雄一郎は，現在の大学改革がおかれている状況を，「内科の対処療法では間に合わなくなり外科手術が必要になった状況」[54]と描写している。日本の特色を生かした日本標準の国際化と同時にランキングなどの世界標準にあわせたグローバル化と教育研究の卓越化を同時に，かつスピードをもって進めることが必要な時代になった。日本にとって本格的なグローバル化は初めての道ではない。トヨタ，ホンダ，ソニー，パナソニックなどの国際企業は内的，外的改革を同時に，しかも自力で進め世界一流企業となった実績がある。その結果，日本は多くの分野で研究や技術レベルは世界一流である。これらの企業は創業者や経営者の「ルビコン河

---

[53]「大学改革3類型：世界水準15校選択」『読売新聞』（2015年8月24日付）
[54]「科学技術競争力保つには」『日本経済新聞』（2015年5月3日付）

を渡った」強いイニシアティブと従業員の努力で，会社が一致団結して自社開発や産学協同の技術開発をして苦難乗り切り世界標準を達成して今日に至っている。

明治維新以来の日本の近代化も，鎖国体制を脱したグローバル化によって達成された。日本は内発的改革と外発的改革を並行して進めて，アジアで初めて西洋的近代化を実現した。その結果，アジアで欧米式自由主義と民主主義を実現し，アジアでは最も多いノーベル賞受賞者を出し，産業界では造船，エレクトロニクス，自動車，機械，鉄道車両などの分野で世界最先端技術の実現とともにグローバルな人材を生み出した。現在，産業界は21世紀の発展に向かって環境，宇宙・航空，インフラ，サービス産業など次の世界標準に挑戦している。産業界で実現できた世界標準を歴史的に優秀な日本の高等教育界でやれない理由はない。

3．明確な数値目標と学長の強いリーダシップ

世界大学ランキングの上位に入るためには，明確な目標（ミッション）と改革を恐れない学長の強いリーダシップが必要である。しかも大学の目標は，挑戦的な数字と最高司令官である学長自身の強い決心に裏づけられていなければならない。抽象的な目標と一時的な決心は命取りになる。日本政府はこの10年間，国立大学の国際的競争力強化のために大学の統治方法であるガバナンス制度を強化し組織を改革してきた。第2次中間目標（2010－15）後期には，世界の急速な環境変化に対応して改革を加速化し，大学の自立性と独立性を強化するガバナンス制度の仕上げを行った。歴史的に日本の国立大学は文科省の厳しい管理指導下にあり，大学は教授会の権限が強く，学長選出は互選的で大学内では国内派と国際派が対立していて学長のリーダシップが発揮できにくい環境下にあった。特にグローバル化やランキング導入のような外部的要請に対して，大学改革はやりにくかった。国立大学法人化以後の大学改革に関する法的な改正で，大学がその気になれば改革はできるような体制になったのである。

しかし，制度ができても実践まで時間がかかる。学長の改革の意思が強くても，そのメッセージが大学全体に伝わり，改革を始動させることはむずかし

い。学長は教授会，事務との意思の疎通をよくして大学全体の動機づけをし，外部に対しても学長自身や広報などを通じて意思や決心を明確に根気よく伝えつづけなければならない。また，グローバル時代には海外における積極的活動が大事で，自己と大学アピールを定期的に組織的に行わなければならない。国際会議でよくささやかれることだが，一部の学長を除いて日本の大学の学長は国際会議に出席しても必要以上に大学や自己プロモーションをしないといわれている。「日本の学長で大学と個人の印象と名前の残った学長は少ない」といわれないように周到なプレゼンと自己アピールの演出が必要で，会議以外の時間でも積極的にほかの学長と交流することが求められている。しかし，学長だけががんばっても，執行部や事務の後方支援がないと意味がない。大学の海外担当者には外国語でのコミュニケーションや国際交渉に秀でた専門家が担当する必要がある。

　また，英語以外（イングリッシュプラスワン）の主要言語によるコミュニケーションも大事である。国際会議でも日本の学長や執行部で２カ国以上話せる人を見かけたことは少ないが，欧米の国際会議に行くとマルチランゲージの大学トップが多い。多くの言語を話すことは国際的教養の一部であり，会議だけでなくそれ以外の交流で想像以上の力を発揮する。国際会議でその国の言葉で話しかけて一気に場がもりあがり，その後の交渉もうまくいった例を何度もみた。

　日本の大学のコミュニケーションにおけるアピールにも問題が多い。日本の大学ホームページには学長メッセージを含み抽象的なミッションや直訳の英文がよくみられるが，弱肉強食の世界では通用しない。国際会議で友人や留学生から「日本の大学のホームページを読むのは苦痛だ。ほとんど抽象的でよくわからない」といわれるぐらいに，明確なメッセージを送っている大学は少ない。日本語からの英語への翻訳はコミュニケーションと呼ばない。特に，英語だけに言語が限られ数字の裏づけがない場合，コミュニケーションレベルは落ちる。世界の学生を対象にして相手の立場に立って，明確なメッセージで大学の特色を力強くアピールすることが大事である。留学生の多い大学は，大学に

精通している留学生のなかから優秀で日本化していない学生を採用して本格的な広報活動をさせるべきである。

　いっぽう，最近ではランキング目標，研究目標などを打ち出し積極的にアピールする大学も増えてきたことも事実である。国立では珍しく，阪大が2031年の創立100周年を目標に研究型総合大学で「世界のトップ10を目指す」との広告[55]を全国紙に掲載し，世界を狙う意思をはっきり打ち出した。国内および世界で東大，京大を抜く意思を明確に打ち出し，総長の写真入りで「3位じゃダメなんです─阪大なら実現できる世界トップ10の研究型総合大学を」と異例の広報戦略をとって注目された。この知恵をめぐらせた新聞全面1ページの戦略的広告は，後日いろいろなメディアに取り上げられたが，積極的な努力が実って結果的に2015年6月に発表されたQSアジア大学ランキングでは初めて京大を抜いて日本の大学では2位（アジアの大学では阪大13位，京大14位）となった[56]。総合点で0.4ポイントという僅差であったが，日本の大学も「やればできる」ことを実証した。阪大は国内紙だけでなくQSが出版している雑誌や『ネイチャー』の別冊やサイトにもその意思を表明した。東京の霞ヶ関にもオフィスを出し，学長や関係者が報道機関などに戦略的な広報を展開しはじめた。記事のなかで，大学トップが「海外協定を結ぶ際難航するときがある。（相手の大学が）こちらのランクを見定めているようだ」ということをいっていたが，世界の大学は日本の大学の実績とやる気をたえずみているのである。

　公立では，東京都の首都大学東京（以下，首都大）が世界的戦略をもっているようである。阪大の1カ月前に新聞全面1ページの広告「知名度はまだまだですが。実力はなかなかです」[57]を出した。真ん中に「781校中7位」という見出しで，2014年度タイムズ世界大学ランキング239位，日本の大学781校中7

[55) 3位じゃだめなんですー適塾から世界適塾へ」（『日本経済新聞』2014年12月28日付）の1面広告を学長写真入りで掲載した。広告のなかで世界適塾大学院（仮称）設置など2031年に向けたタイムスケジュールを紹介し注目された。
[56) タイムズの2015年度アジア大学ランキングでは，阪大は東大，京大，東工大に次いでアジアで18位，日本の大学で4位であった。
[57) 『日本経済新聞』（2014年11月25日付）

位，論文引用部門では2年連続世界一（最高点の100点）の実績を紹介した。首都大は英語名 Tokyo Metropolitan University で，翌年は名古屋大学（以下，名大）と同じランクカテゴリーの226－250位にランクされており，学長および大学の力強い意気込みが感じられた。ランキング戦略にも長けており，世界的に被論文引用数の多い有名教授をリクルートしたことも功を奏している。私学では，2012年に本格的な国際化をめざす早稲田大学の戦略と学長のイニシアティブが目立つ。中期計画である「ワセダ・ビジョン150（Waseda Vision 150）」のなかで，2032年の創立150周年までにアジアのリーディング・ユニバーシティになることを目標にして教育，研究，経営（寄付金含む）の分野のビジョンと13の戦略を具体的な数値目標を掲げ注目された。早稲田大学はタイムズの2015年度アジア大学ランキングでは59位であるが，日本の私学ではトップであり，今後も大学の明確な目標と学長と大学の積極性は評価されるにちがいない。

4．エキスパートの登用と専属部隊

　世界ランキングに入るためには，世界ランキング業界に精通している国際エキスパートが必要である。欧米の大学では，そういった専門家を育てている。マーケティングと戦略的志向をもったプロフェッショナルで，英語で高度な交渉ができ，国際会議で大学を代表して積極的に大学をアピールできる力量のある人が望ましい。大学ブランド意識が高く常に変化する国際教育環境を先取りし，大学の研究者と一緒にプロジェクトに反映させて政府，企業や研究所との提携や寄付金獲得できる専門家である。世界情報の収集（INPUT）からランキング機構に提出するデータの発信（OUTPUT）など，情報発信を含む大学マーケティングのできるエキスパートである。日本の大学システムでは海外担当の副学長がこの責任を負っている例が多いが，兼職が多いために機能していないことも多い。

　学長特別補佐や国際戦略または研究戦略の部門のなかに責任担当者をおいて対応している大学もある。内部から育成する場合も外部からリクルートする場合もあるが，副学長レベルの責任とポジションを与えて専任としたほうが効率

がよい。求められる能力として，国際戦略を組み立て実行できるストラテジスト（総合戦略家）で，かつ理工系の知識をもち研究戦略担当のユニバーシティリサーチ・アドミニストレーター（URA）と共同作業ができる人物が望ましい。また，外部との広報，渉外能力も必要である。広報が収集してくるいろいろな資料を戦略的にまとめ，世界の高等教育界で影響力のある人たちと戦略的にネットワークをつくれる人が必要なのである。専門職の多い欧米では，最近ストラテジストを名乗るハイランクの専門家が出てきて国際会議で活躍している。日本では，ようやく URA が根付きはじめたが，このようなストラテジストは少ない。

　ストラテジストや URA の役割は，特に大学のグローバル化に重要である。今までは，日本の大学は国内に注力していれば十分であったが，グローバリゼーションの時代には国内，国外両方の需要対応が必要である。大学の総合力である大学ブランドを世界に広め，世界から優秀な学生を獲得するためには総合戦略を組み立てられ大学マーケティングができるストラテジストが必須である。大学マーケティングは新しい分野なので，日本には専門家は少ない。世界に人的，情報的ネットワークをもち，電話やメール1本で戦略的な情報をとれる人材が必要である。大学教授でその仕事をしている人もいるが，パートタイム的な仕事が多くどうしてもアカデミックな分析で終わる場合が多い。

　企業にはこういうことのできる優秀な人材が多いので，積極的に利用することを薦めたい。特に海外に駐在した人たちは，それぞれ駐在地の政府，企業などにすでに多くのコネクションをもっている人たちが多く一石二鳥である。一般的に大学人は企業や外部出身を敬遠する傾向があるが，狭い了見は捨てて積極的に採用すべきである。ランキングでも地域，企業連携，イノベーションが問われる時代である。企業出身者には，幅広いネットワークとフレシキブルな活動能力のある人が多い。企業出身者と大学関係者がうまく補完しあってこそ，最上のチームが組める。もちろん，教授や事務のなかでも海外大学出身，海外駐在経験者がいるので内製化もできるが，時間がかかるし企業出身者と連携させたほうが手っ取り早く効果が高い。

特に研究の分野での戦略家を育成する URA 制度[58]は，ランキングの研究成果に直結しているので優秀な URA 人材の獲得が不可欠である。URA 制度は研究資金獲得のために専門研究者の研究活動全般を支援し，URA はその取り方を教えてくれる「目利き」である。戦後からの長い歴史がある米国が先行していて，多方面から博士号をもった人材が URA として大学の専門研究家を獲得前の企画段階から補助して，政府，企業，団体からの補助金の獲得実績を上げている。日本の開始は遅く，文科省が2011年に開始した研究開強化と支援のための「リサーチ・アドミニストレーターの整備プログラム」から本格的に始まった。2013年には世界水準のすぐれた研究活動を行う大学群の増強のための「研究大学強化促進事業プログラム」を発表し，国立大学17機関，私立大学 2 機関，大学共同利用機関 3 機関を採択し10年間，2 〜 4 億円支給するプログラムを発表した。研究が複雑あるいは規模が多くなると URA は必須になり，採択されなかった大学でも自力で URA を採用していることも多い。URA 制度の発展が今後のランキングに大きく作用すると思われるので，各大学は文科省の採択に関係なく大学の研究目標に見合った URA と職員の提携校における海外研修を実施すべきである。

　ここ10年の傾向であるが，世界のランキング上位を狙う大学は必ず機動性のあるエキスパートや専門部隊をおくようになった。筆者の国際会議の経験では，担当者には，大学では事務系キャリアをつんだ，企業では研究・技術，マーケティングや広報出身で国際経験豊な女性が多かった。欧米の大学には，事務系でも博士号をもっていたり，企業の役員を経験し教員系と対等あるいはそれ以上のポジションについて活躍したりしている人も多い。多くの場合は，学長直属の学長補佐，国際担当副学長，戦略担当ディレクター，最近ではスト

---

[58] 文科省の URA の定義は，「大学などにおいて，研究者とともに研究活動の企画，マネジメント研究成果活用促進をおこなうことにより，研究者の研究活動の活性化や研究開発マネジメントの強化などを支える業務に従事する人材をさす」（文科省の公募要領）　研究者とともに行う企画，コスト分析・管理，関係法令調査，提案，交渉，会計，財務，設備管理，推શ管理，特許申請，活用促進など資金申請前，中，後のオペレーション全体にかかわる。

ラテジストなどの肩書きをもち，年間を通じていろいろな国際会議に出席して「いかに自分の大学のランキングを上げるか」を国際化と教育研究の面から追求している。OECD，ユネスコ国際団体，URA国際・地域団体，ランキングに役立つNAFSA（北米），EAIA（欧州），QS－APPLE（アジア・パシフィック），環太平洋大学境界（APRU）などの国際教育者会議に積極的に参加し，情報収集とともにランキングセミナーやRAセミナーで他国の大学関係者の交流をしている。一般的情報を取るのでなく戦略的情報を，情報を待つのではなくて取りにいく，勝つための行動が必要な時代になってきた。

5．大学のブランドを強化する

　企業や商品と同じように，大学のブランドは大事である。ブランドの強い企業にはよい人材が集まるのと同じように，ブランドの強い大学には優秀な教員や学生が集まる。企業に比べて日本の大学でブランドが世界に浸透しているのは，一部のトップ大学だけで，それも親日家の大学関係者や日本ファンに限られる。ブランド価値を表す「タイムズ世界評判ランキング2015」では，上位100位以内に東大（12位），京大（27位）の2校が入っている。しかし，日本の大学の歴史と実績を考えたらもっと多いはずであるし，ノーベル賞の多い名大が圏外なのは納得いかない人も多いだろう。ちなみにノーベル賞やフィールズ賞を重要視する研究指向性の強い上海ランキングでは，名大は2014年に101－150位で日本の5位であったが，最近のノーベル賞受賞で2015年（2015年8月）では世界77位にランクインして，日本の大学では東大，京大に次いで3位に躍進した。ランキングは教育，研究，国際性の全体評価で評価が決まるが，研究結果の卓越性がブランド効果になった好例である。

　ブランドは，大学の独自性や優位性を表し大学のイメージを向上させる。ブランドイメージが向上することは，優秀な教授や学生が集まり結果的に政府の競争資金の獲得や企業提携の数も増える。しかし，ブランド形成には手間と努力と時間がかかる。大学は，大学のビジョン，特徴，優位性を学生，父兄，地域，企業などのステークホルダー（関係者）へ絶えず有効に発信し，しかも世界に認知させていかなければならない。米国の経営学者 D.A. アーカーは1991

年に出版した著書『ブランド・エクイティ戦略（Managing Brand Equity）』で，ブランドがもつ資産的価値を「ブランド・エクイティ（ブランド資産）」と呼び，ブランドを企業資産としてとらえる考え方を発表した。エクイティは資産から負債を引いた正味資産のことであり，ブランドは企業の有形資産と同様に重要な資産と考えられ，特に海外市場拡大や国際的人材獲得，企業買収評価（M&A）などのための有効な指標となった。アーカーがブランド・イクイティの構成要素としてあげた５つの用件は，大学のブランドマネジメントにも適用できる。すなわち満足度と帰属力を表すブランド・ロイヤリティ，有名度を表すブランド認知度，ほかのブランドより優位性を感じるブランド知覚，ブランドを連想するブランド連想，資産価値をあらわすブランド資産がよくなければ評価されないのである。

　大学のブランド力を向上させるためには，教育研究ですぐれた人材が必要である。世界的に有名でノーベル賞など著名な賞をとり，論文が一流ジャーナルに掲載されその論文の被引用数やインパクトが大きい教授や研究者が多くいることが大事である。また，彼らが学会や国際会議で活躍して大学の名前を認知，促進することも必要である。大学の名前も重要で，できるなら簡単で覚えやすい名前をつけるべきである。日本の大学の名前はむずかしく，そのまま海外にもち出しても覚えられない場合が多いので損をしている。歴史的にみても簡潔で覚えやすい名前は得で，その特徴は「短く，響きがよく，覚えやすい」ことである。ハーバード，MIT，スタンフォード，バークレー，オックスフォード，ケンブリッジは歴史的な利点をもちCALTECH，UCLA，UCL，LSE，ETHなどは短縮して成功し，シカゴ，ペンシルバニアなどは土地の名前で得をしている。日本は東京，京都，大阪など地域名が多いが，土地の名前が無名だったり発音しにくかったりと不利である。また，「University of Tokyo or Tokyo University？」など英語名になると混乱が聞かれるし，東京六大学でもTOKYO，WASEDA, KEIOを知っている人は少なく，そのほかの私立大学はほとんど知らない。

　アジアの大学でも，名前を略称化して成功している大学も多い。たとえば

NUS（シンガポール国立大学），UHK（香港大学），KAIST（韓国科学技術院），POSTECH（韓国浦項工科大学院）など時間をかけて実力を蓄積して命名に成功した例である。しかし，日本の世界企業のように大学の評価が上がれば名前は浸透する。いずれにしても，定着するまではあらゆる機会をとらえて大学の紹介・アップデートと自己アピールし，常に話題をつくり付加価値を上げる努力が大事である。

6．ステークホールダーとの協力関係を強化

企業や行政と同じように，大学にとってステークホールダー（利害関係者）との関係は大事である。日本では，大学は教授と学生のものだと考えている人が多いが，大学に直接関係のある学長，執行部，教員，事務員，学生，卒業生だけでなく間接的な関係にある国，行政，NPO，地域，取引先などとのつながりは重要である。近年，まだ比重は少ないが，大学ランキングでもこれらの関係が重視され，大学の地域での経済的貢献や地元企業との雇用，研究，協力関係が問われている。また，卒業生（OB）との関係は大事で，OBが活躍すれば大学も有名になるし，大学が活躍すればOBの社会的地位とプライドも増すという相関関係がある。

OBの国内および海外のネットワーク化は，グローバル大学をめざす大学の無形財産である。大学のOBが他校や外国の大学にいて，タイムズやQSで卒業校に関する評判やアンケート答える場合もある。卒業後，OBが母校を資金的あるいは実務的に支援をするためには，大学が成果をあげていなければならない。大学のOB会は性格上親善を目的とすることが多いが，単なる親善や友好のためのOB会でなく，戦略的なOB会が必要である。規模の大きい有名大学が海外に支部をもち，学長をはじめ大学の幹部が定期的に回っているが，親善以外にどのような成果をあげたがあまり聞かない。欧米の大学幹部が日本に来たときには，プログラムのなかに必ず具体的な寄付金や協力依頼，政府高官との会合などが入っている。大学とOB会で世界的なネットワークをつくって戦略的に大学のブランド価値を押し上げ，その結果を享受するシステムをつくることによって大学の価値を上げることができる。

OBの活躍もランキング向上に大きな影響がある。QSランキングは，大学のグローバル企業への就職率（エンプロイヤビリティ），上海ランキングは卒業生のノーベル賞やフィールズ賞獲得率，U.S.ニューズでは地域での教員の評判をランキングの評価項目に入れている。就職には卒業生のネットワークや情報が大事で，大学の就職率浮沈を左右する。タイムズは，ランキングには企業からの収入があり，総合ランキングとは別に毎年世界のリクルーターや企業CEOなどの意見をベースに「グローバル・エンプロイメント大学ランキング」（グローバル大学雇用ランキング）を発表している。2014年に20カ国から100位をランクした際の1位はケンブリッジで，以下ハーバード，エール，オックスフォード，カルテックが続き，日本では10位に東大，26位に東工大，54位に京大の3校がランクインした。

　また，タイムズは，2013年に世界的な大企業トップの出身者数をランクした「世界企業CEO輩出ランキング（Alma Mater Index：Global Executives2013）」を発表した。このランキングは，米経済誌『フォーチュン』の世界企業500社リストに入っている最高経営責任者（CEO）の卒業した大学を調査し，人数や規模で100位まで順位付けした。1位はハーバード，以下東大，スタンフォード，エコール・ポリテクニク（仏），HEC（仏）と国際色豊かで，日本からは2位の東大，9位慶應大，18位京大，20位早稲田大，27位中央大，43位一橋大，52位東工大，74位阪大，100位に法政大が入った。国別では，米国が38校で最も多く，次いで中国，日本，フランス，ドイツ，英国の順であった。大学の社会的貢献の見地からみると，卒業生の各方面での活躍は大事である。

　研究開発評価にもステークホルダーとの関係評価が入ってきている。タイムズランキングでは，教員のイノベーション力をみる企業提携による企業収入，U.S.ニューズランキングでは最近5カ年の世界だけでなく，地域での研究開発力を評価している。大学評価範囲はあらゆる点で大学だけの評価に終わらず，もっと広いステークホルダーを含めた範囲で行われるようになったのである。特にOBは国内ネットワークだけでなく海外ネットワークも大事にな

り，OB 会も国内，海外を問わず単なる親善の会から戦略的な要素をもつようになった。

7．戦略的な指標分析を行う

　日本の大学が日本標準のグローバリゼーション（教育，研究，国際性）をめざしているかぎり，世界では勝てない。世界の水準は高く，変化のスピードは速く，プレイヤーは多数いて競争が激しい。日本は，日本的グローバリゼーションを追い世界標準の国際化に真剣に取り組まなかったために10年間世界トップ100にたった 2 校しか入れなかった。2015年のタイムズランキングではさらに悪化し，上位200校に入ったのは東大（43位）と京大（88位）の 2 校だけであった。しかも，続く東工大，阪大，東北大も200位以下である。日本には国立大学と私立大学の格差があり，世界標準型の大学が少なく，タイムズランキングでは501－600位に慶應大，601－800位に早稲田大と低位に甘んじており，大学の大勢を占める私立大学側にとっては不本意な成績であろう。

　しかし，悲観することはない。日本の上位大学の質は，全体的に依然高くバランスがよく大学改革と世界標準の国際化を進めることにより多くの大学が世界の一流大学（WCU）になれる範囲にいる。具体的にいうと，日本の上位大学は教育，研究，評判などでは世界の上位にいるが，論文引用率，企業収入などでは中位，外国人教員数，留学生数などの国際性では下位に位置している。日本の弱点は，マーケティング手法である「SWOT アナリシス」[60]と評価項目別の分析をするとよくわかる。

　ランキングに詳しい東工大准教授の調麻佐志によると「国内大学の弱点はウエート低い国際性よりも高い論文引用」[61]であり，原因はタイムズがデータ処理の内製化，委託先の切り替え，算出方法を変更したことあると分析している。筆者も同感であるが国際性と論文引用は論文の共同執筆，学術評判など相

----

[60]「SWOT アナリシス」：大学の強さ（Strength），弱さ（Weakness），機会（Opportunity），脅威（Theret）を戦略的に分析することにより，よりよい地位をめざすこと。企業は，マーケットシェアをとるための市場戦略や商品の導入，撤退，戦略変更など商品戦略に使うが，会社分析や自己能力分析にも使われるなど用途が広い。

関関係にあるので両方が必要である。

　タイムズとQSで日本の代表大学である東大を評価項目別にみてみよう。タイムズでは，東大の強い点は教育の質と研究の質で，この2項目はランキング上位10大学と比較してさほど大きな差はない。しかし，弱い点は論文引用率（60.9），企業収入（50.8），国際性（30.3）で国際性では大きく劣っている。しかし，論文引用率はNUS，北京大にも劣り国際性は30ポイント台で，異常に低いといわざるを得ない。

　QSランキングの項目でみると，強い点は学術評判，企業評判，教育の質で，弱い点は論文引用率，特に弱い点は外国人教員率，留学生比率[62]である。東大の学術評判は100ポイントで世界7位（インペリアル，UCL，カルテック，プリンストン，エール大より高く），企業の評判も99.9ポイントで世界15位，教育の質は96.3ポイントで47位と高いが，論文引用率は64.9ポイントで188位と弱く，さらに国際性は最悪で外人教員率が22.4ポイント，留学生比率が25.9ポイントでともに400位以下の厳しい評価である。

　国際性に関しては100に近い旧英連邦のシンガポール，香港グループと50以下の非英語圏である日中韓が対照的であるが，東大（および京大）は学術および企業評判と教育の質がトップ10並なのに残念である。QSの世界ランキングで，シンガポール国立大学（12位）などアジア勢6校に負けたのにはいろいろ理由がある。これらの大学が強い政府のイニシアティブや補助とともに大学が外国教授，留学生を歓迎し外国研究者との共同研究数を増加させているからだと思われる。

61)「激震大学ランキング：少ない論文引用が響く」『日本経済新聞』2015年10月26日付。この記事のなかで調准教授は，論文引用は30％のウエートを占め英語論文が少なく引用数が世界平均より少ない日本は国補正点をもらい有利だった。また，教育，研究に関する学術評判調査（両方で60％の約半分を占める）対象者が無作為抽出に変更されその影響を受けたとのことであった。

62) 留学生比率：東大ホームページによると2015年3月時点で学生総数2万8144人，留学生数3062人で留学生比率10.88％，シンガポール国立大学。香港大学ホームページによると2014・15年度の学生総数は2万7933人，留学生数9713人で留学生比率は34.77％であった。

■ 世界大学ランキング（世界上位大学）　評価項目の比較　2015－16 ■

タイムズランキング

順位	大学名（国）	総合	教育	研究	論文引用	国際性	企業収入
	評価割合（％）	100.0	30.0	30.0	30.0	7.50	2.50
1	カルテック（米）	95.2	95.6	97.6	99.8	64.0	97.8
5	MIT（米）	92.0	89.4	88.6	99.7	84.0	95.4
10	シカゴ（米）	87.9	85.7	88.9	99.2	65.0	36.6
26	NUS（シ）	79.2	71.7	84.5	79.4	96.2	49.8
42	北京（中）	72.0	77.8	72.4	69.1	49.2	100.0
43	東大（日）	71.1	81.4	83.0	60.9	30.3	50.8
88	京大（日）	59.9	70.6	69.3	46.6	26.1	79.0

QSランキング

順位	大学名（国）	総合	学術	雇用	論文引用	教育	外人教員	留学生
	評価割合（％）	100.0	40.0	10.0	20.0	20.0	5.0	5.0
1	MIT（米）	100.0	100.0	100.0	100.0	100.0	100.0	95.5
5	カルテック（米）	97.9	99.8	89.6	100.0	100.0	90.2	85.2
10	シカゴ（米）	94.6	99.9	96.3	91.5	93.8	73.4	81.6
12	NUS（シ）	94.2	100.0	100.0	78.9	92.9	100.0	92.5
13	NTU（シ）	93.9	95.3	97.5	86.5	94.2	100.0	94.0
25	精華（中）	88.5	99.6	99.5	84.2	87.5	47.8	36.1
28	香港科技（香）	88.0	94.3	91.8	89.4	65.8	100.0	97.0
30	香港大（香）	87.8	99.5	97.4	56.3	84.5	100.0	98.6
36	ソウル大（韓）	85.3	99.2	96.6	79.0	84.2	30.2	33.2
38	京大（日）	84.9	99.9	96.6	71.5	94.1	17.8	21.4
39	東大（日）	84.8	100.0	99.9	64.9	96.3	22.4	25.9

出所：各機関世界大学ランキング2015－16
注：1）QSアジアランキング2015は評価項目が異なるので不使用
　　2）（シ）はシンガポール，（香）は香港

　したがって，この分析から論文引用率と国際性を上げることでトップ10近くに入れることがわかる。しかし，現実には国立や私立大学がこの２つの指標を上げることはむずかしい。特に，国際比率を上げることは可能であるが国家的な政策があるため容易なことではない。東大の留学生数は約3000人（2015）に対して全学生の10％であるが，アジアの強敵であるシンガポール国立大学は約１万人（2008），香港大学の留学生も約１万人でそれぞれ全学生の約３分の１である。東大は2020年に全体の12％まで引き上げる計画があるが，数だけではとても対抗はできないようにみえる。しかし，比重の低い国際性だけをやたら

に増やすことは賢明でない。日本の大学はまず論文数と被引用数を上げることに注力し，同時にインフラと学生バランスを整えながら外国人教授や研究者，留学生の増大を図るべきである。

　難しいのは論文引用数であるが，実際に日本の大学の論文引用数は落ちている。文科省2015年の調査で当該研究分野におけるトップ１％およびトップ10％に占める日本の論文数，論文シェアは2000年以後減少してきて日本のプレゼンスが低下しているとのことである。そこで「日本の研究力の低下を現実とみなし，抜本的対策をとる良い機会にしたらどうか」と提案されているが長年ランキングに携わる者としてまったく同感である。また，国立大学と私立大学では政府，民間の研究資金に差があり私学が不利であることも事実で政府の私学研究資金援助の増加も課題になる。あきらめるのではなく，ぜひ戦略的な分析によってそれぞれの大学が大学改革を行い，国立私立を問わず多くの大学が世界ランキングに入ることを期待している。

おわりに

　ソニーを定年退職したあと，縁があって横浜国立大学に職を得た。国際的な国立大学の伝統豊かな経済学部に属し日本人学生だけでなく留学生を教えた。長年の海外経験を生かしの国際委員として海外の大学との提携校開設，国際交流プログラム作成で大学の国際化に寄与した。そのときの苦い経験が筆者をランキングの世界に引っ張り込み本書執筆の動機になっている。当時，グローバル化の最も進んでいたエレクトロニクス産業から伝統的なアカデミックな大学に入り国際化に燃えて活動した。しかし，日本で有名な大学でも海外一流校の壁は厚かった。提携校を求めて欧米の一流大学を訪問しはじめたとき，イギリスではある一流大学の国際担当のディレクターから「当校は世界ランキング上位校でないと大学提携はいたしません」とはっきり言われた。また，米国の一流校では「ランキングに入っていないと学長や執行部を説得できない。語学交流はどうですか」とやんわり断られた。

　米国の大学とは担当者を国際会議で知っていたので粘り強く交渉を続け協定校契約を結べた。大学の担当のディレクターがアジア系のときには日本での大学の評判を知っていたので助かった。それ以来世界大学ランキングが「トラウマ」になったが，その後の努力で横国大を世界大学ランキング354位に入れることができたことで仕事がやりやすくなった。ランキングは一種のプレミアム名刺でありこちらの能力次第で学長や責任者に会うことが容易になり国際教育者の間でのネットワーク構築も楽になった。筆者がネットワークとランキングを強調するゆえんである。

　日本でも安倍政権になって教育再生の最重要課題として「グローバル人材育成」が叫ばれ「世界トップ100大学に10校いれる」目標が明確に打ち上げられたとき日本は「第3次国際化」[63]に完全に入った。グローバル化では競争資金プログラム「グローバル30」「スーパーグローバル大学」，教育研究では2016年からの「国立大学3分類の機能化」による運営交付金の重点配分などによって

教育,研究,国際化の質を向上させ主要大学の世界大学ランク入りを狙う意思が確認された。世界大学ランキングに入ることは大学の苦痛な改革と国際化が伴う。しかし,結果的に研究や教育が充実し有能なグローバル人材を養成が出来,世界のレベルの高い大学と交流でき,大学から新しい発明,発見によるイノベーションが生まれて国の経済がさらに栄える好循環が生まれるようになる。

　世界大学ランキングは恐れるに当たらずである。ランキングはあくまで改革を起こす手段に使えばよいのである。日本の大学の真のグローバル化は一部の外国人教師の言うように「日本の官僚,政治家の夢物語」でもなく「日本の大学の奇妙なグローバル化」[64]でない。日本の大学の伝統と特徴を生かした世界標準のグローバル化を着実に実施することによって総合的にあるいは特定分野で上位に入ることは可能である。日本の大学の潜在的実力は高い。戦後70年の機会を絶好のチャレンジおよびチェンジの機会(C&C)ととらえ,日本の大学がさらなる競争力をつけ世界やアジアのWCUになることは可能なのである。どうか,自信と誇りをもって積極的に挑戦してほしい。日本の大学を知っている世界の人たちはそれを待っている。

　最後にこの本のランキングに関する大学のコメントは筆者が勤務した大学のコメントではなく,国内,海外のいろいろな会議で経験した業界と筆者のコメントであることを申し添えたい。また,この本の出版を実現させていただいた学文社と編集部二村和樹氏に感謝いたします。

綿　貫　健　治

63) 第二次世界大戦後では,第1次は1980年代初頭の国際化,第2次は2000年代後半のグローバル化。幕末後では,第1次は明治維新以後の没西洋脱アジア,第2次は第一次世界大戦後の自由主義,第3次は第二次世界大戦後の国際化,グローバリゼーション。留学生では,第1次は1983年の留学生10万人計画,第2次は2008年の30万人計画(2020),そして第3次は2009年度から始まった受け入れ国際化拠点校(2014)の選択,2015年に採択された国際レベルの教育研究を行う大学スーパーグローバル大学といえよう。

64)「外国人教員から見た日本の大学の奇妙なグローバル化」『中央公論』2015年7月号

[著者略歴]

綿 貫 健 治（わたぬき・けんじ）
1942年東京生まれ。法政大学経済学部卒業後，米国・ミネソタ大学大学院留学。
商社，パン・アメリカン航空を経てソニー㈱入社，主に海外営業本部に赴任，その間，米国本社（ニューヨーク），フランス本社（パリ）に合計約13年間駐在し，帰国後新規事業企画，国際広報・渉外など従事。定年退職後，約10年間横浜国立大学経済学部准教授，城西国際大学国際学術センター副所長（東京本部），大学院副院長・教授，横浜国立大学学長特別補佐など歴任。現在，KGMコンサルティング代表。
大学在職中，英国サセックス大学「イノベーションセンター（SPRU）」フェロー，「アジア・パシフィック国際教育会議（QS-APPLE）日本代表運営委員を約6年間務める。現在，国際協力機構（JICA）のOrientation Program「日本経済・経営」（英語・仏語）講師，日仏経済交流会（パリクラブ）参与，日米協会会員など。
著書は，「ソフトパワー・コミュニケーション」（学文社，2007），「日仏交流150年」（学文社，2010），「フランス人の流儀」（共著：大修館，2012）など。

世界大学ランキングと日本の大学
―ワールドクラス・ユニバーシティへの道―

2016年1月20日　第1版第1刷発行

著　者　綿貫健治

発行者　田中千津子　〒153-0064　東京都目黒区下目黒3・6・1
　　　　　　　　　　電話　03（3715）1501（代）
発行所　株式会社　学文社　FAX　03（3715）2012
　　　　　　　　　　http://www.gakubunsha.com

©Kenji WATANUKI 2016　　　印刷所　亜細亜印刷
乱丁・落丁の場合は本社でお取替えします。
定価は売上カード，カバーに表示。

ISBN978-4-7620-2580-8